CONSEILS

SUR

LA FORMATION DES BUDGETS

ET

DES COMPTES DES COMMUNES,

Par E. SAVOURÉ,

EMPLOYÉ A LA PRÉFECTURE DE LA SEINE.

L'expérience a démontré qu'il manquait aux administrations municipales et aux établissements de bienfaisance, un travail d'ensemble qui pût les guider dans la formation des budgets et dans les opérations relatives à la clôture des exercices.

De nombreuses instructions ministérielles ont, il est vrai, réglé ces points de la comptabilité, mais il est quelquefois difficile d'en faire une juste application, soit parce que les communes ne possèdent pas toujours toutes ces instructions, soit parce que les règles qu'elles prescrivent s'y trouvent disséminées et qu'on ne peut en saisir l'ensemble immédiatement.

Pour éviter des recherches et rendre le travail des budgets et des comptes plus facile, M. Savouré, employé à la Préfecture de la Seine, chargé du service de la comptabilité communale, a énuméré dans un petit ouvrage intitulé : *Conseils sur la formation des budgets et des comptes des communes*, l'ordre et la nature de chaque opération et les règles spéciales qui s'appliquent à chacune d'elles.

Cet ouvrage est divisé en deux parties.

La première partie traite :

1° Du budget et de sa formation. — Des recettes des communes. — Des prévisions de recettes du budget. — Des impositions et des pièces à produire à l'appui des projets de construction, d'emprunts, etc. — De la dissimulation des recettes et des comptabilités occultes;
2° Des dépenses obligatoires et facultatives. — Des prévisions de dépenses à porter au budget. — Des dépenses imprévues;
3° Du budget supplémentaire. — De sa division et de sa formation;
4° Des crédits ouverts par addition au budget;
5° Des règles générales sur la comptabilité applicables aux dépenses communales;

6° Des pièces à produire par les maires et les receveurs municipaux pour suivre les opérations comptables pendant le cours de l'exercice.

La seconde partie traite :

1° De la clôture de l'exercice et de sa durée;
2° Des états des restes à payer et à recouvrer;
3° Du compte administratif et de son établissement. — Des recettes. — Des non-valeu . — Des dépenses. — Des excédants de dépenses et des formalités à remplir par le maire après l'établissement du compte administratif;
4° Du compte de situation d'exercice;
5° Des opérations du conseil municipal et de l'examen des comptes. — Modèle de délibération;
6° Du budget supplémentaire après la clôture de l'exercice;
7° Du compte de gestion.

L'ouvrage de M. Savouré pourra être utilement consulté par MM. les maires, par MM. les membres des conseils municipaux et des établissements de bienfaisance et par MM. les receveurs municipaux.

Les communes du département de la Seine ont déjà souscrit pour un grand nombre d'exemplaires qui seront distribués aux conseillers municipaux et aux membres des établissements de bienfaisance.

Ces souscriptions témoignent de l'utilité de l'ouvrage de M. Savouré, et des services qu'il est appelé à rendre aux administrations municipales.

Le prix de cet ouvrage format in-8° est de 3 fr. 50 c. et franco 4 fr. 50 c.

ON SOUSCRIT A PARIS, CHEZ M. PAUL DUPONT ET Cie,

Rue de Grenelle-Saint-Honoré, 45, (Hôtel des Fermes.)

Bulletin de Souscription.

Je, soussigné (1) demeurant
à arrondissement
d département d
déclare souscrire pour (2) exemplaires de l'ouvrage intitulé :

Conseils sur la formation des budgets et des comptes des communes.

(Signature très-lisible.)

(1) Noms et qualités.
(2) Joindre un mandat sur la poste pour le montant de la souscription.

Paris, Paul Dupont.

CONSEILS

SUR

LA FORMATION DES BUDGETS

ET

DES COMPTES DES COMMUNES.

CONSEILS

SUR

LA FORMATION DES BUDGETS

ET

DES COMPTES DES COMMUNES,

Ouvrage utile aux Administrations municipales, aux Établiss ments de Bienfaisance et aux Receveurs municipaux,

PAR E. SAVOURÉ,

EMPLOYÉ A LA PRÉFECTURE DE LA SEINE, CHARGÉ DU SERVICE DE LA COMPTABILITÉ COMMUNALE.

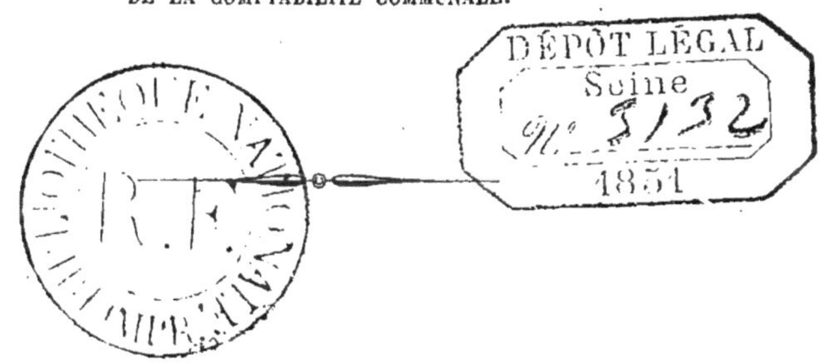

PARIS,

IMPRIMERIE ET LIBRAIRIE ADMINISTRATIVES

DE PAUL DUPONT,

Rue de Grenelle-Saint-Honoré, n° 45.

—

1851

AVANT-PROPOS.

La comptabilité des communes et des établissements de bienfaisance est soumise à des règles administratives qui doivent être scrupuleusement observées.

Ces règles sont disséminées dans un grand nombre d'instructions ministérielles. Il n'est pas toujours facile de les grouper et d'en faire une juste application.

Les opérations relatives à la formation des budgets et à la clôture des exercices donnent souvent lieu à des irrégularités qui retardent l'examen des propositions soumises à l'autorité supérieure ; irrégularités qui sont dues, la plupart du temps, à une fausse application des principes de comptabilité, quelquefois même à l'ignorance des formes.

C'est ce qui nous a décidé à publier ce petit ouvrage, qui fera connaître la nature de ces opérations successives et les règles qui s'appliquent à chacune d'elles.

Le service financier des communes et celui des établissements de bienfaisance sont soumis aux mêmes règles ; ce service comprend principalement deux natures d'opérations : la formation du budget primitif et des chapitres additionnels, et la clôture de l'exercice.

Le budget et les chapitres additionnels forment le point de départ des opérations comptables ; la clôture de l'exercice est le résumé définitif des opérations consommées dans le cours d'une année.

Notre travail embrassera donc toute la comptabilité communale ; il sera divisé en deux parties.

La première partie traitera de la formation du budget et du vote des crédits supplémentaires qui s'y rattachent ; elle donnera l'exposé des règles générales de la comptabilité.

La deuxième partie indiquera les opérations relatives à la clôture de l'exercice et la forme dans laquelle les comptes devront être dressés et examinés. Il y sera parlé ensuite du budget supplémentaire, qui doit contenir les reports de l'exercice clos, ainsi que du compte de gestion.

Chaque partie sera divisée en chapitres et en paragraphes, suivant la nature de l'objet qui y sera traité.

Les instructions ministérielles sur la comptabilité seront insérées à la fin de ce travail comme un utile complément.

CONSEILS

SUR

LA FORMATION DES BUDGETS

ET

DES COMPTES DES COMMUNES.

PREMIÈRE PARTIE.

DES BUDGETS ET DES RÈGLES GÉNÉRALES SUR LA COMPTABILITÉ.

CHAPITRE PREMIER.

DU BUDGET.

De sa formation.—Des prévisions de recettes.— Des impositions communales, et des pièces à produire à l'appui. — De la dissimulation des recettes. — Des comptabilités occultes. — Des dépenses obligatoires et facultatives. — Des prévisions de dépenses à porter au budget. — Des dépenses imprévues.

§ 1er. — De la formation du budget.

Le budget est dressé chaque année par le maire dans le courant du mois d'avril, et voté par le conseil municipal dans sa session de mai, pour être mis à exécution à partir du 1er janvier de l'année suivante.

Il est soumis, avant le 1er octobre, à l'approbation du préfet (circ. du 2 août 1825), lorsque les revenus ordinaires n'atteignent pas 100,000 francs; et à l'approbation du Gouvernement, quand les revenus sont supérieurs à ce chiffre. (Loi du 18 juillet 1837, art. 33.)

Les revenus d'une commune sont réputés atteindre le chiffre de 100,000 francs, quand les recettes ordinaires, constatées dans les comptes, se sont élevées à cette somme pendant les trois dernières années. (Même loi.)

Ils ne sont réputés être descendus au-dessous de 100,000 fr. que lorsque, pendant les trois dernières années, les recettes ordinaires sont restées inférieures à cette somme. (Même loi.)

Il n'est pas loisible aux administrations municipales de choisir indifféremment une formule quelconque de budget.

Pour assurer l'uniformité et la régularité de la comptabilité communale et rendre plus facile l'examen des opérations comptables, le ministre de l'intérieur a tracé un modèle de budget qui doit être exactement suivi.

Les ordonnances des 14 septembre 1822 et 23 avril 1823 avaient prescrit un système de comptabilité qui avait fait naître quelque confusion et même de l'obscurité dans les écritures et dans les comptes. Il résultait de ce système que les crédits ouverts dans chaque budget demeuraient indéfiniment à la disposition des ordonnateurs jusqu'à l'entier achèvement des dépenses, c'est-à dire souvent pendant plusieurs années.

L'ordonnance du 1er mars 1835, pour faire cesser cette confusion, a séparé les exercices; elle a déterminé l'époque de leur clôture définitive et a prescrit le report des excédants) restes à payer et à recouvrer) de l'exercice clos dans un nouveau budget. (Budget supplémentaire.)

Ces nouvelles dispositions ont fait modifier les cadres des budgets pour les mettre en rapport avec le système de l'ordonnance précitée.

Voici comment s'exprime à cet égard la circulaire du 10 avril 1835, p. 18 :

« Pour réaliser en ce point le système de l'ordonnance du « 1er mars 1835, il a fallu introduire dans le cadre des bud- « gets deux nouveaux chapitres distincts du budget primitif, « qui seront formés supplémentairement dans la session de « mai, époque où les reports de l'exercice clos seront établis; « et ils seront rattachés au budget courant, suivant le mode « qui va être déterminé.

« Les cadres actuellement en usage pour les budgets communaux recevront donc les modifications suivantes :

« Ils seront divisés d'abord en deux titres principaux, « savoir :

« Titre Ier. — Recettes. (V. p. 6.)

« Titre II. — Dépenses. (V. p. 9.)
« Chacun de ces titres sera subdivisé en chapitres.

« Pour le titre des recettes :

« Chapitre Ier. — Recettes ordinaires.
« Chapitre II. — Recettes extraordinaires.

« Pour le titre des dépenses :

« Chapitre Ier. — Dépenses ordinaires.
« Chapitre II. — Dépenses extraordinaires.
« Les deux chapitres additionnels prendront le n° 3. « (V. p. 51 et 52.)
« En recette : Chapitre III. — Recettes supplémentaires.
« En dépense : Chapitre III. — Dépenses supplémentai- « res. »

Une circulaire du 18 octobre 1838 prescrivit, pour les communes peu importantes, un autre modèle de budget qui classait au chapitre des recettes extraordinaires le produit de toutes les impositions extraordinaires, quelle que fût leur destination. Mais une autre circulaire, du 13 décembre 1842, a rétabli plusieurs de ces impositions dans la catégorie des recettes ordinaires, telles que les impositions destinées à suppléer à l'insuffisance des revenus ordinaires, au traitement des gardes champêtres, à la réparation des chemins vicinaux et à l'instruction primaire, dans les limites déterminées par les lois spéciales.

Chaque article du budget reçoit un numéro d'ordre. (V. p. 86 et 87.)

Les propositions du maire, du conseil municipallet du sous-préfet sont inscrites séparément dans des coonnes distinctes.

Ces propositions sont établies sur les résultats du compte de l'année précédente, et cependant dans une proportion moindre, comme on le verra ci-après.

Nous allons donner d'abord un modèle de budget comprenant pour exemple des opérations fictives se rapportant à l'exercice 1850.

Il sera donné des explications sur la nature des recettes et des dépenses à porter dans ce budget, et nous passerons ensuite au budget supplémentaire.

DÉPARTEMENT
de
LA SEINE.

ARRONDISSEMENT
de

PERCEPTION
du

PRINCIPAL
DES CONTRIBUTIONS DIRECTES.

Contribution	foncière............	33,800 »
—	personuelle et mobilière	22,200 »
—	des patentes.........	25,745 »
—	des portes et fenêtres..	19,600 »
	TOTAL........	100,845 »

BUDGET de la Commune d *pour l'exercice* (1850.)

Population : 8,600 habitants.

TITRE I.— RECETTES.

Nos D'ORDRE.	NATURE DES RECETTES.	RECETTES constatées au dernier compte.	RECETTES PROPOSÉES par le maire.	par le conseil municipal.	par le sous-préfet.	RECETTES admises par le préfet.	OBSERVATIONS du préfet.
	CHAPITRE 1. RECETTES ORDINAIRES.						
1	Cinq centimes additionnels ordinaires......................	fr. 2,550	fr. 2,775	fr. 2,775	fr 2,775	fr. 2,775	
2	Attributions sur les patentes de l'année......................	2,015	2,060	2,060	2,060	2,060	
3	Idem sur les amendes de police municipale et rurale..........	300	150	150	150	150	
4	Idem sur les amendes de grande voirie............	150	100	100	100	100	
5	Idem dans la moitié partageable du produit net de l'octroi de banlieue.....................	5,200	4,800	4,800	4,800	4,800	
6	Droits d'octroi, produit brut, autorisés par le Gouvernement le...	25,122	24,000	24,000	24,000	24,000	
7	Produit des amendes d'octroi....	210	100	100	100	100	
8	Droits de location de places aux halles, foires, marchés et abattoirs, autorisés par décision ministérielle du	2,060	1,800	1,800	1,800	1,800	
9	Droits de permis de stationnement sur la voie publique ou sur la Seine, autorisés par décision ministérielle du ...	1,015	950	950	950	950	
	Idem de pesage, mesurage, jaugeage, etc..................	»	»	»	»	»	
10	Vaine-pâture, prix de location, suivant adjudication du.......	1,000	1,000	1,000	1,000	1,000	
	A reporter........	39,622	37,735	37,735	37,735	37,735	

SUITE DU TITRE I. — RECETTES.

	NATURE DES RECETTES.	RECETTES constatées au dernier compte.	RECETTES PROPOSÉES par le maire	par le conseil municipal.	par le sous-préfet.	RECETTES admises par le préfet.	OBSERVATIONS du préfet.
		fr.	fr.	fr.	fr.	fr.	
	Report...........	39,622	37,735	37,735	37,735	37,735	
	RECETTES ORDINAIRES (Suite).						
	Maisons communales, prix de location, suivant adjudication du ..	500	500	500	500	500	
2	Terrains communaux, idem	300	300	300	300	300	
3	Rentes sur l'État...............	800	800	800	800	800	
4	Rentes sur particuliers..........	200	250	250	250	250	
5	Intérêts de capitaux placés......	125	»	»	»	»	
6	Produit de concessions de terrains dans les cimetières......	2,370	2,000	2,000	2,000	2,000	
	Idem de concessions d'eau......	»	»	»	»	»	
7	Idem du lavoir communal.......	180	150	150	150	150	
8	Idem de l'enlèvement des boues, suivant procès-verbal d'adjudication du	400	400	400	400	400	
9	Idem d'expéditions d'actes de l'état civil et d'actes administratifs..........................	155	125	125	125	125	
0	Idem d'indemnités pour enrôlements volontaires............	60	40	40	40	40	
1	Intérêts de fonds communaux placés au Trésor.............	900	500	500	500	500	
	Produit des impositions autorisées par le gouvernement pour dépenses facultatives...............	»	»	»	»	»	
	Produit des impositions extraordinaires (spéciales) pour dépenses obligatoires autorisées par le préfet.						
	1° Pour insuffisance des revenus ordinaires....................	»	»	»	»	»	
22	2° Pour salaire des gardes champêtres, (1 c. 1/2 environ)......	602	600	600	600	600	
23	3° Pour l'entretien des chemins vicinaux ordinaires, (5 centimes) 4° Pour l'entretien des chemins de grande communication	5,022	5,045	5,045	5,045	5,045	
24	5° Pour l'instruction primaire, (1 centime)..................	998	1,010	1,010	1,010	1,010	
	Subside départemental pour idem	»	»	»	»		
25	Évaluation en argent des prestations en nature, (2 journées)...	3,008	3,010	3,010	3,010	3,010	
	A reporter.........	55,012	52,165	52,165	52,465	52,468	

SUITE DU TITRE I. — RECETTES.

Nos D'ORDRE.	NATURE DES RECETTES.	RECETTES constatées au dernier compte.	RECETTES PROPOSÉES par le maire.	par le conseil municipal.	par le sous-préfet.	RECETTES admises par le préfet.	OBSERVATIONS du préfet.
		fr.	fr.	fr.	fr.	fr.	
	Report............	55,242	52,465	52,465	52,465	52,465	
	RECETTES ORDINAIRES (Suite).						
	Rétributions mensuelles........	»	»	»	»	»	
26	Trois centimes applicables aux frais de perception des impositions communales	379	890	890	890	890	
	TOTAL des Recettes ordinaires..	55,621	53,355	53,355	53,355	53,355	
	CHAPITRE 2. RECETTES EXTRAORDINAIRES.						
27	Produit de l'imposition extraordinaire autorisée par décret du... ..... et relative à la réparation de l'église, (10 c. par an pendant 6 ans.)...........	»	10,085	10,085	10,085	10,085	1re année du recouvrement.
28	Idem de celle autorisée par décret du....... 1848, et relative au remboursement de l'emprunt de 20,000 fr. contracté pour les écoles, (10 c. par an 1850 et 1851.)................	»	10,085	10,085	10,085	10,085	Idem.
	Aliénation d'immeubles.........	»	»	»	»	»	
	Idem de rentes ou capitaux.....	»	»	»	»	»	
	Emprunts......................	20,000	»	»	»	»	
29	Subventions, accordées pour les écoles. Avis du préfet, du ..	»	4,000	4,000	4,000	4,000	
	Legs..........................	»	»	»	»	»	
	Donations.....................	»	»	»	»	»	
30	Souscriptions volontaires destinées au pavage de la rue de	»	1,500	1,500	1,500	1,500	
	Recettes accidentelles..........	»	»	»	»	»	
	TOTAL des recettes extraordinaires	20,000	25,670	25,670	25,670	25,670	
	RÉCAPITULATION.						
	RECETTES ORDINAIRES.........	55,621	53,355	53,355	53,355	53,355	
	RECETTES EXTRAORDINAIRES...	20,000	25,670	25,670	25,670	25,670	
	TOTAL GÉNÉRAL DES RECETTES..	75,621	79,025	79,025	79,025	79,025	

TITRE II. — DÉPENSES ORDINAIRES.

NATURE DES DÉPENSES.	DÉPENSES constatées ou dernier compte.	DÉPENSES PROPOSÉES par le maire.	par le conseil muni-cipal.	par le sous-préfet.	DÉPENSES admises par le préfet.	OBSERVATIONS du préfet.
CHAPITRE 1. DÉPENSES ORDINAIRES.						
Administration communale. § 1er.						
Traitement du secrétaire et des autres employés de la mairie..	fr. 3,200	fr. 3,200	fr. 3,200	fr. 3,200	fr. 3,200	
Frais de bureau de la mairie....	482	400	400	400	400	
Gages du garçon de bureau......	500	500	500	500	500	
Idem du concierge..............	200	200	200	200	200	
Abonnement au *Bulletin des lois*.	6	6	6	6	6	
Frais des registres de l'état civil.	470	480	480	480	480	
Impressions à la charge des communes......................	10	10	10	10	10	
Confection et renouvellement des matrices générales..........	60	60	60	60	60	
Timbre des comptes et registres de la comptabilité communale.	18	20	20	20	20	
Timbre des mandats de payement délivrés pour le compte de la commune....................	20	30	30	30	30	
Remises du receveur municipal..	1,590	1,500	1,500	1,500	1,500	
Remises au receveur central....	17	20	20	20	20	
Traitem. du commissaire de police	1,800	1,800	1,800	1,800	1,800	
Idem de son secrétaire..........	1,000	1,000	1,000	1,000	1,000	
Idem des deux appariteurs ou agents de police..............	1,200	1,200	1,200	1,200	1,200	
Salaire des gardes champêtres...	600	600	600	600	600	
Frais de prestation de serment des messiers..................	22	20	20	20	20	
Salaire du tambour-afficheur....	150	150	150	150	150	
Idem du gardien du cimetière ..	200	200	200	200	200	
Frais de constatation des décès...	400	400	400	400	400	
Frais de perceptions de l'octroi..	1,260	1,260	1,260	1,260	1,260	
Frais d'impressions pour ce service	110	100	100	100	100	
Dixième revenant au Trésor.....	2,375	2,265	2,265	2,265	2,265	
Moitié des amendes revenant aux employés de l'octroi..........	105	30	30	30	30	
Frais de perception dans les halles, foires, marchés et abattoirs.	206	180	180	180	180	
Idem du droit de stationnement sur la voie publique ou sur la Seine.	101	95	95	95	95	
A reporter......	16,111	15,746	15,746	15,746	15,746	

SUITE DU TITRE II. — DÉPENSES ORDINAIRES.

N^{os} D'ORDRE.	NATURE DES DÉPENSES.	DÉPENSES constatées au dernier compte.	DÉPENSES PROPOSÉES par le maire.	par le conseil muni-cipal.	par le sous-préfet.	DÉPENSES admises par le préfet.	OBSERVATIONS du préfet.
		fr.	fr.	fr.	fr.	fr.	
	Report	16,111	15,746	15,746	15,746	15,746	
	SUITE DU CHAPITRE 1.						
	§ 2. *Dépenses diverses.*						
27	Contribution des biens communaux	22	20	20	20	20	
	Loyer de la maison commune...	»	»	»	»	»	
28	Entretien idem...........	310	200	200	200	200	
29	Montage de l'horloge...........	50	50	50	50	50	
30	Entretien idem	23	20	20	20	20	
	Entretien des halles et marchés.	»	»	»	»	»	
31	Idem des lavoirs, abreuvoirs, fontaines, puits et mares.........	162	150	150	150	150	
32	Idem du pavé des rues, suivant adjudication du..décemb. 1848.	1,228	1,000	1,000	1,000	1,000	
33	Idem des ponts communaux.....	170	100	100	100	100	
34	Idem des promenades publiques et des plantations communales.	222	150	150	150	150	
35	Idem des pompes à incendie et accessoires	510	400	400	400	400	
36	Idem du cimetière.............	120	100	100	100	100	
37	Idem des bâtiments communaux.	868	400	400	400	400	
38	Assurance des propriétés communales contre l'incendie, suivant le traité approuvé par décision du	35	35	35	35	35	
39	Eclairage par le gaz suivant traité approuvé le	6,000	6,000	6,000	6,000	6,000	
	Enlèvement des boues et balayage.	»	»	»	»	»	
	Entretien des chemins vicinaux ordinaires	»	»	»	»	»	
	Idem des chemins de grande communication	»	»	»	»	»	
40	Salaire des cantonniers..........	600	600	600	600	600	
41	Curage des rues, rivières et aqueducs........................	60	50	50	50	50	
42	Frais d'actes d'enrôlements volontaires.......................	60	40	40	40	40	
43	Aliénés........................	600	600	600	600	600	
44	Enfants trouvés................	460	460	460	460	460	
	A reporter	27,611	26,121	26,121	26,121	26,121	

SUITE DU TITRE II. — DÉPENSES ORDINAIRES.

NATURE DES DÉPENSES.	DÉPENSES constatées au dernier compte.	DÉPENSES PROPOSÉES par le maire.	par le conseil municipal.	par le sous-préfet.	DÉPENSES admises par le préfet.	OBSERVATIONS, du préfet.
	fr.	fr.	fr.	fr.	fr.	
Report.........	27,611	26,121	26,121	26,121	26,121	
SUITE DU CHAPITRE 1.						
§ 3. *Rentes et pensions.*						
Rentes dues à des établissements.	»	»	»	»	»	
Idem à des particuliers..........	»	»	»	»	»	
Pensions de retraite............	»	»	»	»	»	
§ 4. *Garde nationale.*						
Loyer et entretien des corps de garde........................	200	200	200	200	200	
Chauffage et éclairage..........	400	350	350	350	350	
Entretien des caisses et des armes.	190	150	150	150	150	
Frais de registres, papier, contrôle, billets de garde..............	295	150	150	150	150	
Contingent de la commune dans la dépense du jury de révision...	»	»	»	»	»	
Idem du bataillon communal....	»	»	»	»	»	
Solde des tambours..............	2,000	2,000	2,000	2,000	2,000	
Entretien d'habillement et d'équipement......................	398	300	300	300	300	
Dépenses collectives du bataillon cantonal....................	»	»	»	»	»	
Frais d'instruction des sapeurs-pompiers.....................	»	200	200	200	200	
§ 5. *Bureau de charité.*						
Secours accordés au bureau de charité......................	»	2,000	1,800	1,800	1,800	
Atelier de charité..............	»	»	»	»	»	
§ 6. *Instruction primaire.*						
Location des maisons d'école, suivant bail approuvé le	1,200	1,200	1,200	1,200	1,200	
Entretien des maisons d'école...	»	»	»	»	»	
Entretien du mobilier..........	410	400	400	400	400	
Instituteurs.. Indemnité de logement.	»	»	»	»	»	
Instituteurs.. Traitement...........	1,000	1,000	1,000	1,000	1,000	
A reporter..........	33,704	34,071	33,871	33,871	33,871	

SUITE DU TITRE II. — DÉPENSES ORDINAIRES.

N^os D'ORDRE.	NATURE DES DÉPENSES.	DÉPENSES constatées au dernier compte.	DÉPENSES PROPOSÉES par le maire.	par le conseil muni-cipal.	par le sous-préfet.	DÉPENSES admises par le préfet.	OBSERVATIONS du préfet.
		fr.	fr.	fr.	fr.	fr.	
	Report..........	33,704	34,071	33,871	33,871	33,871	
	SUITE DU CHAPITRE I.						
	Suite du § 6.						
56	Institu- { Indemnité de logement.	»	»	»	»	»	
	trices. { Traitement............	800	800	800	800	800	
	Rétributions mensuelles.........	»	»	»	»	»	
57	Achat et distribution de livres, de récompenses et d'encouragements aux élèves.............	250	200	200	200	200	
58	Entretien de la salle d'asile.....	180	100	100	100	100	
59	Idem du mobilier...............	110	100	100	100	100	
60	Traitement de la directrice de la salle d'asile..................	800	800	800	800	800	
61	Chauffage des écoles et de la salle d'asile.......................	120	100	100	100	100	
62	Dépenses à faire par le comité supérieur dans l'intérêt des écoles.	25	25	25	25	25	
	Indemnité à l'instituteur pour fréquentation de l'école normale primaire....................	»	»	»	»	»	
	§ 7. *Chemins vicinaux.*						
63	Application des centimes votés pour l'entretien des chemins vicinaux......................	5,622	5,045	5,045	5,045	5,045	
64	Idem du produit des prestations rachetées en argent...........	3,068	3,010	3,010	3,010	3,010	
65	Frais de confection des rôles des prestations..................	40	40	40	40	40	
	§ 8. *Service de l'église.*						
	Indemnité de logement du curé ou desservant................	»	»	»	»	»	
66	Supplément de traitement.......	200	200	200	200	200	
67	Traitement du vicaire..........	300	300	300	300	300	
	Secours à la fabrique...........	»	»	»	»	»	
	Entretien de l'église...........	»	»	»	»	»	
68	Idem du presbytère............	105	100	100	100	100	
	Achat et entretien d'objets relatifs au culte.....................	»	»	»	»	»	
	A reporter........	44,664	44,891	44,691	44,691	44,691	

SUITE DU TITRE II. — DÉPENSES ORDINAIRES ET EXTRAORDINAIRES.

Nos D'ORDRE.	NATURE DES DÉPENSES.	DÉPENSES constatées au dernier compte.	DÉPENSES PROPOSÉES par le maire.	par le conseil municipal.	par le sous-préfet.	DÉPENSES admises par le préfet.	OBSERVATIONS du préfet.
		fr.	fr.	fr.	fr.	fr.	
	Report	44,664	44,891	44,691	44,691	44,691	
	SUITE DU CHAPITRE 1.						
	§ 9.						
69	Frais de perception des impositions communales	379	890	890	890	890	
	§ 10.						
70	Fêtes publiques	425	400	400	400	400	
71	Dépenses imprévues	695	800	800	800	800	
	TOTAL des dépenses ordinaires.	46,163	46,981	46,781	46,781	46,781	
	CHAPITRE 2. DÉPENSES EXTRAORDINAIRES.						
	§ 1er.						
72	Intérêts d'emprunts	500	500	500	500	500	
	Acquisition de rentes et remploi de capitaux	»	»	»	»	»	
	§ 2. *Acquisition et échange d'immeubles.*						
73	Acquisition du terrain des écoles. Prix d'acquisition .... 20,000f A-compte payé 10,000	10,000	10,000	10,000	10,000	10,000	
	§ 3. *Constructions et grosses réparations.*						
74	Réparation de l'église .... Chiffre des travaux adjugés 30,000f A-compte payé .... »	»	10,000	10,000	10,000	10,000	1er à compte.
	Construction des écoles, emploi de la subvention (mémoire)...	»	»	»	»	»	
	§ 4. *Pavage et assainissement des rues.*						
75	Pavage de la rue de ...... Emploi des souscriptions......	»	1,500	1,500	1,500	1,500	
	A reporter	10,500	22,000	22,000	22,000	22,000	

SUITE DU TITRE II. — DÉPENSES EXTRAORDINAIRES.

Nos D'ORDRE.	NATURE DES DÉPENSES.	DÉPENSES constatées au dernier compte.	DÉPENSES PROPOSÉES par le maire.	par le conseil municipal.	par le sous-préfet.	DÉPENSES admises par le préfet.	OBSERVATIONS. du préfet.
	....	fr. 10,500	fr. 22,000	fr. 22,000	fr. 22,000	fr. 22,000	
	SUITE DU CHAPITRE 2.						
	§ 5. Travaux extraordinaires concernant :						
	1° Les chemins vicinaux ordinaires	»	»	»	»	»	
	2° Les chemins de grande communication	»	»	»	»	»	
	TOTAL des dépenses extraordin.	10,500	22,000	22,000	22,000	22,000	
	RÉCAPITULATION.						
	DÉPENSES ORDINAIRES	46,163	46,981	46,781	46,781	46,781	
	DÉPENSES EXTRAORDINAIRES...	10,500	22,000	22,000	22,000	22,000	
	TOTAL GÉNÉRAL DES DÉPENSES.	56,663	68,981	68,781	68,781	68,781	

RÉCAPITULATION GÉNÉRALE.

	SOMMES constatées au dernier compte.	SOMMES PROPOSÉES par le maire.	par le conseil municipal.	par le sous-préfet.	SOMMES admises par le préfet.
Recettes ordinaires et extraordinaires.	fr. 75,621	fr. 79,025	fr. 79,025	fr. 79,025	fr. 79,025
Dépenses ordinaires et extraordinaires.	56,663	68,981	68,781	68,781	68,781
EXCÉDANT	18,958	10,044	10,244	10,244	10,244

Le présent budget présenté par nous, maire et membres du conseil municipal de la commune d......... réunis en session ordinaire, conformément à la loi.

A *le* 18 .

Il arrive, parfois, que des produits de taxes municipales, d'impositions extraordinaires, d'emprunts, etc., sont admis provisoirement en recette dans le budget. Cette admission est consentie sous réserve par l'administration supérieure, parce qu'elle suppose que l'approbation nécessaire pourra intervenir avant l'ouverture de l'exercice.

Elle n'emporte pas toutefois le droit d'opérer les recettes; et il ne peut être procédé au recouvrement qu'après l'accomplissement des formalités exigées par les lois et par les règlements spéciaux.

Il en est de même pour certaines dépenses allouées au budget, par exemple : des acquisitions d'immeubles, des travaux de construction d'édifices communaux, de pavage de rues, etc. Les crédits alloués pour ces dépenses ne peuvent être employés qu'autant que les acquisitions ou les travaux ont été régulièrement autorisés.

Les administrations municipales, d'après la législation en vigueur, ne peuvent se passer de ces autorisations, à moins qu'il ne s'agisse de travaux d'entretien dont la dépense n'excède pas 300 fr. (Ord. du 14 novembre 1837. — Circ. du 9 juin 1838.)

En un mot, le budget n'est qu'un moyen d'ordre, un résumé, où viennent se grouper tous les faits présumés devoir se réaliser dans le cours de l'exercice.

§ 2. — Des prévisions de recettes du budget.

Les recettes des communes se divisent en recettes ordinaires et en recettes extraordinaires. (Loi du 18 juillet 1837, art. 31 et 32.)

Les recettes ordinaires se composent :

1° Des revenus de tous les biens dont les habitants n'ont pas la jouissance en nature;

2° Des cotisations imposées annuellement sur les ayants droit aux fruits qui se perçoivent en nature;

3° Du produit des centimes ordinaires affectés aux communes par les lois de finances;

4° Du produit de la portion accordée aux communes dans l'impôt des patentes;

5° Du produit des octrois municipaux;

6° Du produit des droits de place perçus dans les halles,

foires, marchés, abattoirs, d'après les tarifs dûment autorisés;

7° Du produit des permis de stationnement et des locations sur la voie publique, sur les ports et rivières, et autres lieux publics;

8° Du produit des péages communaux, des droits de pesage, mesurage et jaugeage, des droits de voirie et autres droits légalement établis;

9° Du prix des concessions de terrains dans les cimetières;

10° Du produit des concessions d'eau, de l'enlèvement des boues et immondices de la voie publique, et autres concessions autorisées pour les services communaux;

11° Du produit des expéditions des actes administratifs et des actes de l'état civil;

12° De la portion que les lois accordent aux communes dans le produit des amendes prononcées par les tribunaux de simple police, par ceux de police correctionnelle, et par les conseils de discipline de la garde nationale;

Et généralement du produit de toutes les taxes de ville et de police dont la perception est autorisée par la loi.

Les recettes extraordinaires se composent:

1° Des contributions extraordinaires dûment autorisées;
2° Du prix des biens aliénés;
3° Des dons et legs;
4° Du remboursement des capitaux exigibles et des rentes rachetées;
5° Du produit des coupes de bois;
6° Du produit des emprunts;
Et de toutes autres recettes accidentelles.

Les recettes ordinaires et extraordinaires définies par la loi sont reproduites dans la nomenclature du budget, elles forment les chapitres 1 et 2 des recettes. (V. p. 6 et 8.)

Le chapitre 1er du budget comprend les recettes ordinaires suivantes:

1° Produit des cinq centimes additionnels ordinaires.

Ce produit s'obtient en multipliant, par 5, le chiffre du principal de la contribution foncière et de la contribution personnelle et mobilière. (Loi du 11 frimaire an VII. — Arrêté du gouvernement du 4 thermidor an X. — Loi du 15 mai 1818.)

2° Attribution sur les patentes.

Le produit se calcule à raison de 8 c. sur le montant du principal de la contribution des patentes de l'année. (Loi du 25 avril 1844, art. 32.)

3° Attribution sur les amendes de police municipale et rurale. (Ord. du 30 décembre 1823.) — **Attribution sur les amendes de grande voirie.** — (Décr. du 16 décembre 1811, art. 115.)

Ces recettes sont très-éventuelles; on les porte au budget par prévision, car le produit réel n'est véritablement connu que dans le cours de l'année suivante. Ce n'est qu'à cette époque que les états d'amendes sont approuvés et liquidés par les préfets, et que les mandats de recouvrements sont transmis aux receveurs municipaux pour les amendes liquidées dans le département de la Seine.

4° Attribution de la moitié partageable de l'octroi de banlieue. (Ord. du 11 juin 1817, art. 5, applicable aux communes de la banlieue de Paris.)

Le droit d'octroi dont il s'agit est perçu sur les eaux-de-vie, esprits et liqueurs consommés dans la banlieue. Le produit est variable. On peut porter au budget un chiffre égal à la moyenne du produit des trois dernières années.

5° Droits d'octroi, produit brut. (Ord. du 10 décembre 1814. — Loi du 28 avril 1816.)

Le produit brut des droits d'octroi ne doit être porté au budget qu'après que le tarif de perception a été approuvé par le gouvernement. Ce produit suit nécessairement les variations de la consommation.

L'évaluation de la recette doit rester au-dessous du produit constaté au dernier compte. Néanmoins, si de nouvelles taxes ont été ajoutées au tarif, elles accroissent d'autant cette évaluation.

L'établissement des droits d'octroi est voté par le conseil

municipal; la perception est permanente ou temporaire. Ces droits sont le plus souvent proposés pour acquitter des dettes ou pour entreprendre des travaux extraordinaires.

Le gouvernement limite actuellement la durée de la perception au temps strictement nécessaire pour recouvrer les sommes destinées à couvrir les besoins annoncés.

Toute demande de création de droits d'octroi ou d'addition de taxes aux tarifs en vigueur doit être appuyée des pièces suivantes :

1° D'un état des dettes de la commune ou d'un projet de construction d'édifice ;

2° D'une délibération du conseil municipal en triple expédition ;

3° D'un projet de tarif et de règlement de perception en triple expédition ;

4° D'une expédition de l'ancien règlement et du tarif, lorsqu'il s'agit d'apporter des modifications au tarif existant ;

5° D'un résumé des propositions du tarif projeté, c'est-à-dire l'indication du produit annuel présumé pour chaque nature d'objets à imposer ;

6° D'un exposé de la situation financière communale et des besoins qui rendent les ressources de l'octroi indispensables ;

7° D'un état de situation de la caisse municipale au moment de la transmission des pièces ;

8° Et d'une copie du budget de l'exercice en cours d'exécution.

6° Produit des amendes d'octroi. (Ord. du 9 décembre 1814, art. 84.)

Le produit des amendes et confiscations pour contraventions aux règlements d'octroi, déduction faite des frais et prélèvements autorisés, est attribué moitié aux employés de l'octroi, et moitié à la commune. Le produit réel ne peut être connu que dans le cours de l'année suivante ; aussi cette recette ne doit-elle figurer au budget que par prévision, en prenant pour base la moyenne du produit des contraventions commises pendant les trois dernières années.

7° Droits de location de places aux halles, foires, marchés et abattoirs.

La création des abattoirs est autorisée par le gouvernement; l'établissement des foires et marchés est autorisé par le ministre compétent, après que les formalités prescrites par les circulaires ministérielles des 22 septembre 1838 et 15 juillet 1850 ont été remplies.

Le produit des droits ne peut figurer au budget qu'après que la création a été autorisée et que le tarif a été approuvé.

7° *bis*. Droits de permis de stationnement sur la voie publique ou sur les rivières. (Loi du 18 juillet 1837, art. 31.)

Ces droits, qui comprennent également la location des places lors de la fête communale, ne peuvent être perçus que d'après un tarif voté par le conseil municipal et approuvé par décision ministérielle.

Les circulaires des 12 janvier et 5 juin 1844, insérées au Recueil des actes administratifs de la préfecture de la Seine de la même année, indiquent les formalités à remplir pour obtenir l'autorisation de percevoir des droits de stationnement.

Lorsque la perception est mise en ferme, on porte au budget le chiffre fixé dans le procès-verbal d'adjudication avec mention de la date de ce procès-verbal.

Si la perception est faite par voie de régie, la recette est inscrite par prévision au-dessous du chiffre constaté au dernier compte.

8° Droits de pesage, mesurage, jaugeage, etc. (Loi du 29 floréal an X.)

Ce produit est considéré comme représentant le prix d'un service rendu par la commune au commerce; c'est la création d'un moyen de vérification pour les transactions. La recette doit être portée par prévision au budget lorsqu'un service de vérification est établi dans la localité.

9° Vaine pâture, prix de location. (Décr. des 28 septembre et 6 octobre 1791. — Loi du 18 juillet 1837, art. 19.)

Lorsque la vaine pâture est mise en adjudication publique, la recette réelle du produit doit figurer au budget avec mention de la date du procès-verbal d'adjudication.

10° Maisons communales et terrains communaux, prix de location.

Ces propriétés sont nécessairement celles qui n'ont pas d'affectation publique. Elles doivent être données à location par voie de concurrence, après enquête publique et fixation par le conseil municipal des clauses et conditions à imposer à l'adjudicataire. (Loi du 18 juillet 1837, art. 17. — Ordonn. du 18 décembre 1838. — Instr. minist. du 13 mars 1839.) La recette du budget indique le prix résultant de l'adjudication et la date du procès-verbal.

11° Rentes sur l'Etat et rentes sur particuliers.

Ces recettes sont presque toujours invariables, à moins de changements dans les produits.

L'emploi, en rentes sur l'Etat, de capitaux remboursés aux communes et hospices n'a pas besoin d'être autorisé. (Circ. du 8 juillet 1836.)

12° Intérêts de capitaux placés.

Il ne faut pas confondre cette nature d'intérêts avec les intérêts des fonds placés au Trésor dont il sera parlé ci-après. Les intérêts dont il s'agit proviennent des sommes qui auraient été placées temporairement, soit au mont-de-piété, soit sur hypothèque ou de toute autre manière, en attendant qu'elles puissent être appliquées à leur destination. Le produit de ces intérêts étant connu, il doit être porté au budget d'après son chiffre réel.

13° Produit des concessions de terrains dans les cimetières. (Ord. du 6 décembre 1843. — Inst. des 25 janvier et 31 mai 1844, 26 juillet 1845 et 16 février 1846, insérées au Recueil des actes administratifs de la préfecture de la Seine mêmes années.)

La perception du prix des concessions de terrains dans les cimetières ne peut être faite par les receveurs municipaux que d'après un tarif voté par le conseil municipal et approuvé par l'autorité supérieure.

Le produit de ces concessions de terrains dans les cimetières est variable. Il doit être porté par prévision au budget en prenant la moyenne des trois dernières années. La mortalité exceptionnelle qui aurait pu signaler l'un de ces exercices doit être négligée dans ces supputations.

14° Produit des concessions d'eau et du lavoir communal.

Les concessions d'eau, ainsi que les droits de places au lavoir communal, sont perçus d'après un tarif voté par le conseil municipal et approuvé par l'autorité supérieure. Le produit est éventuel lorsque la perception est faite par la commune; il est fixe si la perception a été mise en ferme: le prix de l'adjudication forme alors la prévision du budget.

Pour les lavoirs publics, on est dans l'usage de réserver des places gratuites pour les indigents.

15° Produit de l'enlèvement des boues.

Cette recette n'existe que dans les grandes communes, et elle donne lieu à une adjudication publique. Le produit est porté au budget pour son importance réelle.

16° Produit d'expéditions d'actes de l'état civil et d'actes administratifs.

Cette recette s'opère par les secrétaires de mairie; le produit doit être versé tous les trois mois entre les mains du receveur municipal. (Instruct. gén., art. 793.) Il ne peut être abandonné au secrétaire pour lui tenir lieu de traitement.

La perception des droits d'expédition d'actes de l'état civil se fait conformément au tarif prescrit par le décret du 12 juillet 1807, qui a fixé à 1 fr. 55 c. les sommes à percevoir dans les communes au-dessous de 50,000 âmes, pour chaque expédition d'un acte de publication de mariage, et pour chaque expédition d'un acte de naissance ou de décès, timbre compris.

La loi du 12 messidor an 11 a établi un droit de 75 c. par rôle, sur les secondes ou ultérieures expéditions, ainsi que sur les extraits des titres, pièces ou renseignements déposés dans les bureaux des mairies. (Instruct. gén., art. 793, § 2.)

Le produit des droits précités est porté par prévision au budget.

17° Produit d'indemnités pour enrôlements volontaires.

Il est attribué aux communes une indemnité de 3 fr. sur chacun des vingt-cinq premiers enrôlements volontaires contractés dans les mairies; de 2 fr. sur chacun des soixante-quinze enrôlements qui suivent, et de 1 fr. sur les autres (Instruct. gén., art. 840). Ce produit figure par prévision au budget.

18° Intérêts de fonds communaux placés au trésor.

Ce produit représente les intérêts des fonds placés à la caisse de service par les receveurs municipaux, en attendant qu'ils puissent les employer au payement des dépenses communales.

19° Produit des droits de voirie. (Inst. des 23 décembre 1844 et 18 juillet 1846, insérées au Recueil des actes administratifs de la préfecture de la Seine, mêmes années, touchant la perception de ces droits.) — **Permis de chasse.** (Loi du 3 mai 1844. — Inst. ministérielle du 20 mai 1844.)

Le produit de ces droits est porté par prévision au budget. La perception des droits de voirie ne peut avoir lieu qu'après que le tarif a été approuvé.

20° Produit des impositions autorisées pour les dépenses annuelles obligatoires et facultatives.

Ces impositions sont destinées à suppléer à l'insuffisance des revenus ordinaires; elles doivent être votées avec le concours des plus imposés.

Le chiffre de l'imposition est égal au déficit résultant de la comparaison des ressources et des besoins ordinaires, c'est-à-dire à la différence existant entre le chapitre 1er des recettes et le chapitre 1er des dépenses proposées au budget. On ne peut l'appliquer à telle ou telle dépense en particulier; par exemple, si les recettes s'élèvent à 2,100 fr. et les dépenses ordinaires à 3,250 fr., le chiffre de l'imposition à voter sera de 1,150 fr.

Le soin de séparer, conformément aux lois, la nature des

dépenses et la partie de l'imposition applicable aux dépenses facultatives et celle applicable aux dépenses obligatoires annuelles, appartient au préfet. (Inst. minist. du 7 août 1846.)

L'imposition dont il s'agit doit faire l'objet d'une délibération spéciale. Expédition est jointe à l'appui du budget.

Le conseil municipal indique le nombre de centimes additionnels au principal des quatre contributions directes, correspondant à la somme votée.

Cette somme est portée, pour sa quotité réelle, au budget en regard des mots : *pour insuffisance de revenus ordinaires.*

21° Produit de l'imposition pour salaire des gardes champêtres. (Loi du 21 avril 1832.)

Ce produit porte exclusivement sur le principal de la contribution foncière. Cette imposition, comme la précédente, doit être votée avec le concours des plus imposés et faire l'objet d'une délibération spéciale, dont expédition est jointe également au budget.

22° Produit de l'imposition pour l'entretien des chemins vicinaux ordinaires et de grande communication. (Loi du 21 mai 1836.)

Le concours des plus imposés n'est pas nécessaire pour le vote de cette nature d'imposition. Le maximum des centimes à voter est fixé à cinq.

Le budget doit indiquer le nombre de centimes votés et la somme qu'ils produiront, d'après le principal des quatre contributions directes.

23° Evaluation en argent des prestations en nature. (Loi du 21 mai 1836.)

La loi du 21 mai 1836, art. 8, a fixé à trois le maximum des journées de prestations.

Cette imposition, doit, avec la précédente, faire l'objet d'une seule délibération.

Le budget indiquera le nombre des journées de prestations votées et l'évaluation en argent de ces mêmes journées.

24° Produit de l'imposition pour l'instruction

primaire. (Loi du 28 juin 1833, art. 13. — Ord. du 16 juillet 1833. — Décr. du 7 octobre 1850.)

Cette imposition est destinée à pourvoir annuellement au traitement de l'instituteur communal; elle ne peut excéder 3 c. au principal des quatre contributions directes. Le conseil municipal est appelé seul à la voter.

Il importe que le budget indique le nombre de centimes votés et la somme correspondante.

25° Subside départemental pour l'instruction primaire.

Ce subside n'est accordé que lorsqu'il est établi et démontré que les communes sont hors d'état de subvenir au payement du traitement de l'instituteur.

Ce traitement seul est considéré comme une dépense obligatoire.

26° Rétributions mensuelles. (Loi du 28 juin 1833, art. 14. — Décr. du 7 octobre 1850. — Inst. ministérielle du 24 décembre 1850.)

Ces rétributions sont recouvrées par le receveur municipal au moyen d'un rôle dressé par l'instituteur et rendu exécutoire par le préfet, ou par le sous-préfet par délégation.

La somme à inscrire au budget sera égale au montant du rôle.

27° Trois centimes applicables aux frais de perception des impositions communales. (Loi de finances du 20 juillet 1837, art. 5.)

Cette imposition est votée avec le concours des plus imposés et par délibération spéciale; elle doit porter, comme l'indique son titre, sur le montant de toutes les impositions comprises aux chapitres 1er et 2 des recettes, à l'exception toutefois du montant de l'imposition en argent des prestations en nature. Le produit des 5 c. ordinaires n'en est pas exempt.

Le produit des 3 c., applicables aux frais de perception des impositions communales, est inscrit au budget dans une proportion un peu plus élevée que son chiffre réel, afin de prévenir l'ouverture d'un crédit supplémentaire au budget pour le payement des frais de perception des impositions, dans le cas où la prévision de recette serait excédée.

CHAPITRE 2 DU BUDGET. — RECETTES EXTRAORDINAIRES. (V. p. 8.)

Produit de l'imposition extraordinaire autorisée par le gouvernement et relative à........

Cette nature d'imposition est autorisée par le gouvernement sur les votes émis par les conseils municipaux des communes qui se trouvent dans la nécessité de recourir aux centimes additionnels extraordinaires pour s'affranchir de leurs dettes et pour exécuter des travaux extraordinaires.

Le chiffre des centimes additionnels extraordinaires est plus ou moins considérable : il est basé sur l'importance de la dépense à faire ; il peut être porté à 20 et 25 c., et même audessus. Cependant, le gouvernement n'admet que difficilement une surimposition supérieure à 20 c. Il n'y donne son approbation qu'autant que les travaux à réaliser ou la dépense à faire sont d'une indispensable nécessité.

Les centimes additionnels extraordinaires doivent porter sur le principal des quatre contributions directes. (Instruct. minist. du 27 mars 1837.) On accorde rarement des exceptions à cette règle.

Les impositions extraordinaires, comme les emprunts, sont votées avec le concours des plus imposés dans les communes dont les revenus sont inférieurs à 100,000 fr.

Les plus imposés doivent être convoqués individuellement par le maire, au moins dix jours avant celui de la réunion ; ils sont remplacés, en cas d'absence, et en nombre égal, par les plus imposés portés après eux sur le tableau. (Loi du 18 juillet 1837, art. 42. — Circ. du 14 février 1843.)

Pour qu'une commune obtienne l'autorisation de s'imposer extraordinairement, il faut qu'elle établisse l'insuffisance de ses revenus ordinaires et qu'elle démontre la nécessité de recourir à cette ressource pour entreprendre et réaliser la dépense projetée.

Le montant de l'imposition est porté au budget lorsque la commune a été autorisée à s'imposer, avec l'indication du nombre d'années pendant lequel doit s'effectuer le recouvrement.

Le produit d'une imposition extraordinaire, destiné au payement d'une dépense spéciale, ne peut être détourné de son affectation qu'en vertu d'une autorisation du gouvernement, rendue dans la même forme que celle qui a autorisé l'imposition, c'est-à-dire sur le vote émis par le conseil municipal et par les plus imposés, pour les communes dont les budgets sont approuvés par le préfet (V. Bull. de l'intér. 1841, p. 244) et par le conseil municipal seulement pour les communes dont le budget est approuvé par le gouvernement.

Il arrive souvent que les autorisations d'impositions extraordinaires sont retardées par suite d'omissions de pièces ou de formalités. Pour prévenir ces retards, il importe de produire à l'appui des demandes d'impositions extraordinaires (Circ. du 14 fév. 1843) :

1° La délibération du conseil municipal, avec l'indication des noms des membres présents et des plus imposés qui ont pris part au vote;

2° Une liste des plus imposés aux rôles; ladite liste dressée par le receveur municipal;

3° Une attestation du maire constatant que les plus imposés ont été convoqués individuellement, dans le délai fixé par la loi, et, s'il y a lieu, en nombre suffisant pour remplacer les absents;

4° Une attestation du maire indiquant, s'il y a lieu, les convocations successives qui auraient été faites par application des dispositions de l'art. 26 de la loi du 18 juillet 1837;

5° Une déclaration du percepteur faisant connaître 1° quelles sont les autres impositions extraordinaires qui pèsent sur la commune et qui devront peser sur elle à l'époque où sera établie l'imposition votée, 2° ou que la commune n'aura à supporter à cette époque aucune autre imposition,

6° Une copie du budget primitif et du budget supplémentaire, si ce budget a été voté et approuvé;

7° Un état de situation de la caisse municipale, au moment de l'envoi des pièces.

Lorsque le produit de l'imposition doit servir au payement d'une acquisition de terrain ou d'une construction d'édifice, on ajoute aux pièces précitées :

1° Un programme des besoins du service;

2° Les plans et devis des travaux, et, s'il y a lieu, la promesse de vente et un plan d'ensemble figuratif de l'immeuble à acquérir, avec un procès-verbal d'estimation indiquant les numéros du cadastre;

3° Le procès-verbal d'enquête et l'avis du conseil municipal, quand l'enquête a donné lieu à des réclamations.

Pour les maisons d'écoles, on ajoute encore :

1° L'avis du comité local;
2° L'avis de l'inspecteur;
3° Un état certifié des fonds déposés au Trésor;
4° Un résumé de l'affaire;
5° La ventilation du prix d'acquisition et des travaux de construction, si le projet comprend plusieurs établissements.

Pour les emprunts, la délibération du conseil municipal doit énoncer le mode et les termes de remboursement, le taux de l'intérêt et les ressources avec lesquelles la commune se propose de pourvoir au remboursement du capital et des intérêts de l'emprunt.

On produit à l'appui de cette délibération :

1° Un relevé présentant dans des colonnes distinctes le total des recettes et des dépenses ordinaires, d'après les comptes des trois dernières années;
2° Un état dûment certifié des dettes de la commune;
3° Un tableau d'amortissement indiquant, par année, la décroissance du capital, les à-compte à payer et les intérêts à servir. (Circ. des 12 août 1840 et 13 juillet 1841.)

Enfin, quand il s'agit d'acquisition pour cause d'utilité publique, la délibération du conseil municipal doit :

1° Expliquer la nécessité absolue de recourir à l'expropriation;
2° Demander que le projet soit déclaré d'utilité publique et que la commune soit autorisée à acquérir à l'amiable, d'après une expertise contradictoire, ou, s'il y a lieu, par application des dispositions de la loi du 3 mai 1841.

Le maire produit des explications sur les ressources que la commune se propose d'affecter au payement; ressources qui, pour le cas d'expropriation, doivent toujours être immédiatement disponibles.

Aliénation d'immeubles.

Le produit à provenir des aliénations d'immeubles ne peut être inscrit au budget, qu'après que l'aliénation a été autorisée par le préfet en conseil de préfecture, si la valeur n'excède pas 3,000 fr., pour les communes dont le revenu est audessous de 100,000 fr., et 20,000 fr. pour les autres communes.

Si la valeur est supérieure, il est statué par le gouvernement. (Loi du 18 juillet 1837, art. 46.)

Toute demande d'aliénation d'immeubles doit être accompagnée des pièces suivantes :

1° Le plan de l'immeuble;
2° Le procès-verbal d'estimation;
3° Le procès-verbal d'enquête;
4° La délibération du conseil municipal.

L'enquête est obligatoire; elle doit être annoncée huit jours à l'avance, à son de trompe ou de tambour, et par voie d'affiches placardées au lieu principal de réunion publique, afin que les intéressés ne puissent en ignorer, et parce que cette publicité autorise à compter le silence des absents comme un vote affirmatif.

Elle doit toujours être faite le dimanche.

Le préambule du procès-verbal, dont il est donné communication aux déclarants, doit contenir un exposé exact de la nature, des motifs et des fins du projet annoncé.

Tous les habitants, appelés et admis sans distinction à émettre leur vœu sur l'objet de l'enquête, doivent expliquer librement ce qu'ils en pensent, et déduire les motifs de leur opinion, principalement lorsqu'elle est opposée au projet.

Les déclarations sont signées des déclarants, ou certifiées conformes à la déposition orale; pour ceux qui ne savent point écrire, par la signature du commissaire-enquêteur, qui les reçoit et en dresse immédiatement procès-verbal.

Lors même que les déclarations sont identiques, elles doivent être consignées distributivement dans le procès-verbal, indépendamment les unes des autres, avec leurs raisons respectives, et, autant que possible, dans les termes propres des déclarants.

Le maire, ni aucun des membres du conseil municipal, ne peut remplir les fonctions de commissaire-enquêteur. (Circ. du 20 août 1825.)

Aliénation de rentes ou capitaux.

Ce produit ne peut être porté au budget que lorsque l'autorisation d'aliéner est intervenue; autorisation qui n'est accordée qu'après qu'il a été établi que les communes sont dans la nécessité d'aliéner leurs rentes.

Emprunts.

Il n'est pas loisible aux communes de contracter des emprunts sans autorisation préalable. (Loi du 18 juillet 1837, art. 41.)

Les emprunts sont délibérés dans la même forme que les

impositions extraordinaires, c'est-à-dire avec le concours des plus imposés. (*Voir* Impositions extraordinaires, p. 25.)

La recette à provenir d'un emprunt ne peut être inscrite au budget qu'après l'autorisation sus mentionnée. (Circ. des 12 et 27 août 1840. — 13 juillet 1841.)

Subventions.

Les subventions ou secours accordés aux communes pour les aider à réaliser des projets de construction d'édifices, des travaux de pavage, etc., doivent être inscrits au budget, conformément aux avis qui en sont donnés aux maires.

La nomenclature annexée au règlement sur la comptabilité des cultes, prescrit de produire des certificats des maires avec les pièces à fournir à l'appui des mandats de payement des secours accordés aux communes sur les fonds de l'Etat, pour contribuer à l'acquisition, aux constructions et aux réparations des églises et presbytères ; ces certificats doivent constater que les acquisitions sont faites ou que les travaux sont exécutés ou en cours d'exécution. Ils sont visés par le préfet.

Le règlement du 16 décembre 1841 sur la comptabilité du ministère de l'instruction publique exige la production d'un même certificat à l'égard des subventions accordées aux communes pour acquisition, construction ou réparation de maisons d'écoles et salles d'asile, et achat de mobilier pour ces mêmes établissements. Il exige de plus que les certificats indiquent la date de l'acte d'acquisition et la somme fournie par la commune.

Il est donc indispensable que des certificats soient produits à l'appui des demandes de versements des subventions, ou du premier à-compte de ces subventions, si elles doivent être versées par parties dans les caisses municipales.

Legs et donations.

Les sommes provenant de legs ou de donations sont portées au budget, lorsque les communes ont été autorisées à les accepter. (Loi du 18 juillet 1837, art. 48. — Circ. du 11 juillet 1849.)

Souscriptions volontaires.

Le produit des souscriptions volontaires consenties par

des particuliers est inscrit au budget lorsque la délibération municipale qui les a acceptées a été régulièrement approuvée.

Il doit être fait mention au budget de l'objet des souscriptions.

Le recouvrement des souscriptions volontaires s'effectue conformément à la circulaire du ministre de l'intérieur du 27 avril 1840, c'est-à-dire en vertu de l'art. 63 de la loi du 18 juillet 1837. (Ecole des Communes, 1840, p. 163.)

Recettes accidentelles.

Ces recettes comprennent les sommes diverses qui ne peuvent être classées dans aucun des articles de recettes précités. Elles ne peuvent être portées au budget que par prévision.

Tel est l'ensemble des recettes comprises dans la nomenclature du budget. Toute recette, quelle qu'en soit d'ailleurs l'origine, doit y trouver place; une dissimulation à cet égard pourrait avoir de graves conséquences. C'est ce qui sera exposé dans le paragraphe suivant.

§ 3. — De la dissimulation des recettes et des comptabilités occultes.

D'après les règles de la comptabilité, les recettes comme les dépenses des communes ne peuvent être faites qu'en vertu du budget de chaque exercice, ou d'autorisations supplémentaires intervenues depuis le règlement du budget.

Toutes les recettes, quelle qu'en soit la nature, doivent être portées *intégralement* et *sans dissimulation* dans les budgets.

La recherche, la poursuite et la répression des abus qui peuvent exister à cet égard, sont placées sous la surveillance et la responsabilité des maires, des sous-préfets et des préfets. (Inst. minist. des 24 juillet 1802. — 10 mai 1806. — 10 février 1812. — Mois de septembre 1824, etc.)

Cette dissimulation, si elle existait, pourrait sans doute n'avoir pas pour objet de détourner frauduleusement des deniers communaux; elle a lieu le plus souvent dans le but de soustraire certaines dépenses au contrôle de l'administration, et de dispenser les administrations municipales de recourir aux autorisations que la loi a jugées nécessaires pour le bon ordre de la comptabilité publique, et le véritable intérêt des communes. Un maire qui commettrait cette faute, oublierait que la violation de la loi n'est jamais excusable, surtout de la part d'un fonctionnaire à qui l'exécution en est confiée.

Ce fait d'ailleurs constituerait une comptabilité occulte que la loi interdit sévèrement.

M. Pierret, chef de la comptabilité du ministère de l'intérieur, s'exprime ainsi à ce sujet :

« On appelle ainsi comptes occultes, par une bizarre al« liance de mots (puisque celui de comptabilité entraîne l'idée « de divulgation et de publicité), une comptabilité tenue en « secret pour dérober, à l'autorité légalement appelée à en « connaître, la trace de faits qui intéressent plus ou moins « les finances communales. Cependant ces faits, quoique se« crets, ont besoin d'être consignés dans des écritures parti« culières, pour que le compte en soit rendu à ceux-là du « moins qui les ont ordonnés ou consentis, c'est-à-dire aux « conseillers municipaux, en dehors de leurs réunions nor« males et dûment autorisées. Le vote de ces assemblées ne « suffit pas, du reste, comme on le verra, pour libérer le « comptable irrégulier, s'il est découvert.

« Le plus souvent, rien n'est plus imparfait que ces sortes « de comptabilités; elles semblent embrouillées à dessein. « Quelquefois les opérations illicites s'exécutent sans laisser « après elles aucun document, et c'est au moyen d'enquêtes « publiques, et à grand'peine, qu'on peut en ressaisir la trace. « On conçoit, en effet, la difficulté de constater la vérité en « pareil cas, si l'on songe aux obstacles qu'on rencontre à « mettre un ordre irréprochable dans la comptabilité régu« lière et patente, malgré toutes les prescriptions et tous les « contrôles dont elle est l'objet. Affranchies de toute règle et « de la surveillance des agents supérieurs responsables, les « comptabilités occultes sont presque toujours équivoques, « obscures et dépourvues de pièces justificatives authentiques. « Aussi, le moindre des inconvénients de toute comptabilité « de cette nature est-il de laisser planer des soupçons peu « honorables sur ceux qui s'y sont ingérés, même après que « cette prétendue comptabilité a été apurée.

« De tout temps le maniement des deniers publics a été « exclusivement réservé à des agents spéciaux, à l'égard des« quels on a établi toutes sortes de garanties : cautionne« ments, écritures, surveillance, etc. Nul autre que cet agent « spécial n'a le droit de percevoir ou de payer pour le compte « de la commune. Sans remonter aux lois ou règlements an-

« térieurs, l'art. 64 de la loi du 18 juillet 1837 est formel à « cet égard ; en voici le texte (V. p. 58.) : « Il résulte de là, que « quiconque, sans être investi du titre de receveur munici- « pal, a opéré des recettes ou des payements afférents à la « commune, se trouve aussitôt assujetti aux conditions et « obligations imposées au receveur réel, et relève du tri- « bunal par lequel ce comptable doit faire purger son compte « tous les ans. »

« Il n'est pas besoin de dire que, si un comptable en titre « se prêtait à des manœuvres tendant à dissimuler à l'auto- « rité supérieure une portion du revenu communal, il se « compromettrait gravement, car le premier devoir de l'au- « torité serait de l'en punir, aussitôt informée, en le privant « de son emploi. Ajoutons que si, sans participer à ces faits, « il en avait seulement connaissance, il devrait en référer « immédiatement à ses supérieurs, l'arrêté du 19 vendémiaire « an XII, rappelé dans mainte instruction, rendant le receveur « responsable de tous les revenus des communes, et le char- « geant de veiller à la conservation de leurs biens.

« Nous allons rechercher quels peuvent être les motifs qui « ont fait ou qui feraient encore établir des comptabilités oc- « cultes ; quels inconvénients elles offrent, et pour le service « communal, et particulièrement pour ceux qui s'en ren- « draient coupables ; comment on doit les réprimer et en « poursuivre les auteurs.

« A une époque où l'organisation communale n'était pas « constituée aussi positivement qu'elle l'est aujourd'hui, le « gouvernement a pu considérer les biens des communes « comme n'étant, en quelque sorte, que des fractions du do- « maine public ; et il a, dans des circonstances critiques, en « vertu de décrets impériaux, appliqué aux dépenses géné- « rales de l'Etat une portion du produit de ces biens centra- « lisé à l'ancienne caisse d'amortissement. On conçoit jusqu'à « un certain point que des communes qui possédaient des « bois et autres propriétés, voulant échapper à ces prélève- « ments que le pouvoir central ordonnait, au profit de tous, « sur l'excédant de leurs recettes, aient cherché à dissimuler « au gouvernement spoliateur une portion de leur revenu, et « aient, à cet effet, créé des caisses clandestines. Mais ces pré- « lèvements ont cessé avec le régime qui avait pu se les per- « mettre, et depuis longtemps les masses noires n'ont plus « même de prétexte. Quel pourrait être aujourd'hui leur ob-

« jet? d'échapper aux lenteurs qu'exigent l'instruction des af-
« faires, et l'approbation par l'administration supérieure des
« projets conçus par les administrations municipales? Ces
« formalités, qu'on appelle des lenteurs, et qu'il importe en
« effet d'abréger autant que possible, en se conformant dès
« l'abord avec exactitude aux règlements qui indiquent les
« justifications à fournir à l'appui des projets, sont aussi
« salutaires qu'elles sont inévitables. Elles constituent la sau-
« vegarde des intérêts communaux, que les administrations
« locales, livrées à elles-mêmes, pourraient compromettre par
« un entraînement irréfléchi vers des améliorations trop
« promptes. Les conseils municipaux, les communes elles-
« mêmes sont des êtres collectifs, accessibles, de même que
« les individus, à la passion et à l'erreur. Il n'est que trop
« fréquent que leur zèle les emporte au delà des bornes
« qu'assigne la saine raison. Sans parler des désordres que
« peut engendrer la rivalité entre communes voisines, en-
« tre sections de la même commune, entre les membres
« du même conseil, ne voit-on pas souvent les conseils mu-
« nicipaux s'engouer pour des entreprises qui, bien qu'utiles
« en principe, dépassent sans mesure les ressources que les
« communes peuvent se procurer, et qui, engageant l'avenir
« pour un terme trop reculé, écraseraient pendant longtemps
« les habitants et les propriétaires sous le fardeau des impôts?
« La tutelle du gouvernement n'est-elle pas indispensable,
« non-seulement pour s'opposer à l'exagération des dépenses,
« et limiter à un taux raisonnable les charges que les com-
« munes seraient tentées de s'imposer dans leur intérêt parti-
« culier (Loi du 18 juillet 1837, art. 40 et 41), mais encore
« pour approuver ou rejeter, après avoir pris l'avis d'hommes
« compétents, les projets qu'elles sont tenues de lui sou-
« mettre? Que pourraient gagner les conseils municipaux à
« se soustraire, par des manœuvres clandestines, à cette tu-
« telle désintéressée, uniquement instituée par la loi pour
« modérer et régler l'action des représentants directs de la
« communauté? Ils ne recueillent d'ordinaire de ces actes
« mystérieux que des résultats déplorables, des ouvrages mal
« conçus, mal exécutés, la confusion dans le compte des de-
« niers, bien souvent l'infidélité et la malversation : tant il est
« difficile de remplacer le contrôle efficace dont on a voulu
« s'affranchir!

« Tel est le danger des comptabilités occultes qu'il est sans

« exemple que ceux qui s'y sont ingérés aient pu échapper « d'une manière complète à la suspicion flétrissante qui s'at- « tache naturellement à ces sortes d'opérations. C'est le châ- « timent inévitable de ceux qui usurpent de telles fonctions, « et qui veulent ainsi éluder l'exécution des lois.

« Admettons que le conseil municipal tout entier restera « toujours d'accord ; qu'aucune mésintelligence n'éclatera « entre ceux qui auront trempé dans le complot. Comment « espérer la même discrétion de toute la communauté? Ou « comment espérerait-on tenir cachés à la masse des habi- « tants, que mille causes peuvent rendre indiscrets, les faits « extérieurs qui donnent lieu à la comptabilité clandestine? « Cette comptabilité résulte, pour l'ordinaire, du produit de « quelque vente consommée sans l'intervention de l'autorité « supérieure, de souscriptions volontaires, ou de taxes aux- « quelles on a fait consentir les habitants, et qui ne figurent « pas au budget. Indépendamment de ce cas, qui constitue la « dissimulation de recettes, la caisse occulte peut provenir « encore de ce que les dépenses prévues par le budget, et qui « ne s'effectuent pas en réalité, sont portées dans le compte « comme payées, au moyen de quittances données par com- « plaisance, les fonds devant recevoir une autre destination « que celle qui est accusée, et qui a reçu la sanction adminis- « trative. Tout cela est à la connaissance du plus grand « nombre. L'emploi des fonds est fait, aux yeux de tous, en « travaux sur des chemins, en constructions neuves ou « d'entretien. D'abord l'assentiment est presque général; mais « il suffit du témoignage d'un mécontent pour dénoncer le « fait à l'autorité jusqu'alors abusée, et pour provoquer de « sa part des recherches, des investigations, des enquêtes « publiques. Plus les faits seront difficiles à éclaircir, plus « aussi les soupçons prendront d'importance et de gravité, et « plus les comptables irréguliers, à quelque titre qu'ils aient « participé aux opérations, seront compromis. S'ils parvien- « nent à mettre à couvert leur responsabilité pécuniaire, il « restera toujours dans l'opinion quelque nuage sur leur con- « duite : car ceux qui se rendent coupables de détournements « de deniers à leur profit, et de malversations criminelles, « n'emploient pas d'autres procédés que ceux qui se livrent « à une comptabilité occulte.

« Aussitôt qu'une comptabilité semblable est éventée, l'ad- « ministration supérieure doit s'empresser de rechercher les

« faits, de recueillir tous les renseignements qui se présentent « à elle, d'appeler en cause tous ceux qu'une preuve peut at- « teindre. Les indices, résumés dans un rapport, et appuyés « des pièces qu'une première investigation a fait découvrir, « sont portés à la connaissance, soit de la cour des comptes, « soit du conseil de préfecture, suivant que le receveur de la « commune appartient à l'une ou à l'autre de ces juridictions. « Sur cette communication, des arrêts de la cour ou des ar- « rêtés du conseil de préfecture enjoignent aux manutenteurs « illégaux des deniers de la commune de dresser leurs comptes « à l'instar des comptables réguliers, et de les produire dans « un délai déterminé, appuyés autant que possible de pièces « justificatives.

« Le conseil municipal délibère sur ce compte comme s'il « s'agissait de faits qui ne fussent pas consommés ; il en ap- « précie l'utilité et l'opportunité ; puis l'autorité qui règle le « budget statue, comme s'il s'agissait de prévisions, sur l'ad- « mission ou le rejet des articles de recette ou de dépense du « compte, et c'est alors que le tribunal compétent prononce « sur le résultat en deniers des gestions qui lui sont déférées.

« Toutes les précautions doivent être ordonnées pour ga- « rantir les intérêts de la commune. Il peut être provisoire- « ment pris hypothèque, en son nom, sur les propriétés im- « mobilières du faux comptable. (Art. 2121 du Code civil.) En « cas de retard dans la présentation de son compte, celui-ci « peut y être contraint par toutes les voies de droit, et no- « tamment par le séquestre de ses biens meubles et immeu- « bles. Enfin, toutes les mesures qui peuvent compenser le « défaut du cautionnement et des autres sûretés exigées du « receveur ordinaire doivent être prises instantanément ; ce « n'est qu'après que le compte est apuré définitivement, et « que l'arrêt intervenu libère complétement le rendant- « compte, que mainlevée peut être donnée au sujet des actes « préservatifs dont nous venons de parler. Si l'emploi fait « des deniers communaux n'est pas agréé par le conseil mu- « nicipal, qui souvent n'est plus le même et qui peut être mu « par des motifs opposés à ceux du conseil précédent ; si en- « core l'autorité supérieure ne sanctionne pas le vote favo- « rable du conseil, le comptable mis en cause encourt la res- « ponsabilité de sa gestion illégale, et les sommes laissées à sa « charge deviennent une créance de la commune, dont le re- « ceveur en titre doit poursuivre le recouvrement par toutes

« les voies de droit. » (Extrait de l'*Annuaire des municipalités de France*, par H. Roche, 1re année 1848.)

(V. *Ecole des communes*, 1835, p. 103; 1836, p. 172; 1837, deuxième partie, p. 70 et 221; 1843, p. 288 et 345 pour les arrêts rendus sur cette matière.)

§ 4. — Des prévisions de dépenses.

Les dépenses des communes sont obligatoires et facultatives. (Loi du 18 juillet 1837, art. 30.)

Sont obligatoires les dépenses suivantes :

1° L'entretien, s'il y a lieu, de l'hôtel de ville ou du local affecté à la mairie;

2° Les frais de bureau et d'impression pour le service de la commune;

3° L'abonnement au *Bulletin des lois ;*

4° Les frais de recensement de la population;

5° Les frais des registres de l'état civil et la portion des tables décennales à la charge des communes;

6° Le traitement du receveur municipal, celui du préposé en chef de l'octroi, et les frais de perception;

7° Le traitement des gardes des bois de la commune et des gardes champêtres;

8° Le traitement et les frais de bureau des commissaires de police, tels qu'ils sont déterminés par les lois;

9° Les pensions des employés municipaux et des commissaires de police, régulièrement liquidées et approuvées;

10° Les frais de loyer et de réparation du local de la justice de paix, ainsi que ceux d'achat et d'entretien de son mobilier, dans les communes chefs-lieux de canton;

11° Les dépenses de la garde nationale, telles qu'elles sont déterminées par les lois;

12° Les dépenses relatives à l'instruction publique, conformément aux lois;

13. L'indemnité de logement aux curés et desservants, et autres ministres salariés par l'Etat, lorsqu'il n'existe pas de bâtiment affecté à leur logement;

14° Les secours aux fabriques des églises et autres administrations préposées aux cultes dont les ministres sont salariés par l'État, en cas d'insuffisance de leurs revenus, justifiée par leurs comptes et budgets;

15° Le contingent assigné à la commune, conformément aux lois, dans la dépense des enfants trouvés et abandonnés;

16° Les grosses réparations aux édifices communaux, sauf l'exécution des lois spéciales concernant les bâtiments militaires et les édifices consacrés au culte;

17° La clôture des cimetières, leur entretien et leur translation dans les cas déterminés par les lois et règlements d'administration publique;

18° Les frais des plans d'alignement;

19° Les frais et dépenses des prud'hommes, pour les communes où ils siégent; les menus frais des chambres consultatives des arts et manufactures pour les communes où elles existent;

20° Les contributions et prélèvements établis par les lois sur les biens et revenus communaux;

21° L'acquittement des dettes exigibles;

Et généralement toutes les autres dépenses mises à la charge des communes par une disposition des lois.

Toutes dépenses autres que les précédentes sont facultatives.

Les dépenses facultatives sont celles que les communes peuvent faire ou ne pas faire; elles ne résultent pour elles que du vote du conseil municipal.

« Les dépenses annuelles facultatives, dit la circulaire du « 7 août 1846, p. 160, ne laissent pas d'être nombreuses; et « comme elles varient de commune à commune, on ne saurait « en donner une nomenclature complète (1). Les plus usi- « tées sont les suivantes :

« Entretien du pavé;
« Entretien des promenades publiques;
« Entretien des pompes à incendie;
« Dépenses de l'éclairage;
« Salaire du cantonnier;
« Fonds accordés aux hospices;
« Bureau de charité;
« Indemnité à la sage-femme;
« Traitement et indemnité de logement à l'institutrice;

---

(1) Les dépenses facultatives deviennent obligatoires lorsqu'elles donnent lieu à un engagement ou contrat synalagmatique entre la commune et des adjudicataires ou soumissionnaires pour des travaux ou des dépenses votés par le conseil municipal. Ces dépenses sont obligatoires pendant la durée des contrats et jusqu'à parfait accomplissement des obligations contractées.

« Supplément de traitement à l'instituteur ;
« Supplément de traitement du desservant ;
« Fêtes publiques ;
« Dépenses imprévues.

Les dépenses obligatoires sont celles qui ont pour objet l'exécution d'une loi, l'accomplissement d'une obligation qui touche essentiellement à l'existence ou aux intérêts de la commune. Elles peuvent être imposées aux localités malgré elles ; et l'administration supérieure, non-seulement a le pouvoir d'inscrire d'office les dépenses obligatoires au budget, mais elle peut établir une contribution extraordinaire pour en assurer le payement. (Loi du 18 juillet 1837, art. 39 et 40.)

La loi du 18 juillet 1837 n'a pas déterminé la nature de toutes les dépenses obligatoires. Il en est qui ont été mises à leur charge, soit en vertu de lois spéciales, soit par l'usage consacré en vue de l'intérêt public.

Telles sont, par exemple, les dépenses relatives à la location de la maison commune ;

Les frais de conservation des archives communales ;

Les frais d'élection et de tenue des assemblées électorales ;

Les frais de copie délivrée aux communes de la matrice générale des quatre contributions directes ;

Les frais d'entretien des chemins vicinaux ;

Les frais de construction des trottoirs, lorsque la loi du 7 juin 1845 a reçu son application dans la localité, etc., etc.

La nomenclature du budget embrasse toutes les dépenses énumérées dans la loi. (V. p. 9 et suivantes.)

Les dépenses ordinaires forment le premier chapitre du budget. Quelques-unes exigent des explications, notamment celles relatives aux traitements des employés des mairies, aux frais de bureau et aux gages des agents du service municipal.

Frais d'administration.

Le décret du 7 germinal an XI a fixé à 50 cent. par habitant les frais d'administration des communes de 100,000 âmes et au-dessous, et dont le revenu s'élève à 20,000 et au-dessus (circ. du 14 avril 1812). Ce chiffre, toutefois, peut être dépassé lorsque les besoins l'exigent ; mais, à la rigueur, l'excédant devrait figurer au chapitre des depenses xtraordinaires pour être ramené, s'il était possible, dans les limites du décret. (Cir. du 15 juin 1836.)

Les frais d'administration ne portent pas seulement sur les employés et agents de la mairie; ils comprennent : les registres de l'état civil, l'entretien de la maison commune, les appariteurs et messagers, le tambour-afficheur, le gardien du cimetière, et tous les employés quelconques qui ne sont pas attachés à un service extraordinaire ou particulier à la localité.

Sont encore compris dans ces frais : ceux d'impression, le registre des arrêtés du maire (inst. du 3 janv. 1838), les frais de fêtes publiques et les dépenses imprévues.

Le traitement de l'officier de santé chargé de la constatation des décès fait également partie de ces frais.

Sont exceptés : le traitement du commissaire de police et de ses adjoints, et le traitement du receveur municipal et de l'agent voyer.

Abonnement au Bulletin des lois (Arr. des consuls du 29 prairial an VIII).

Le prix de l'abonnement est invariable; il a été fixé à 6 fr.

Frais de registres de l'état civil.

Ces frais comprennent la fourniture des registres, le timbre des feuilles et le prix du transport.

Le compte de la somme à verser par les communes est établi par le préfet.

Chaque commune a son compte ouvert, où il est tenu écriture des recouvrements effectués et de la dépense faite.

La somme à voter est demandée annuellement par le préfet, et par avance, sur le budget de l'exercice à venir.

Impressions à la charge des communes.

Cette dépense a été fixée à 10 francs. Le produit est employé aux frais d'impression des budgets, des comptes, des formules de mandats de payement, etc.

Confection et renouvellement des matrices générales, timbre des comptes et des mandats.

Le budget doit contenir des propositions pour le payement de ces dépenses. Les propositions sont basées par prévision sur les dépenses constatées au dernier compte.

Remises du receveur municipal (Ord. du 17 avril et 23 mai 1839).

Les remises des receveurs municipaux ont été fixées ainsi qu'il suit :

Sur les premiers 5,000 fr.	2 p. o/o sur les recettes. 2 p. o/o sur les dépenses.
Sur les 25,000 fr. suivants	1f 50 p. o/o sur les recettes. 1 50 p. o/o sur les dépenses.
Sur les 70,000 fr. suivants	75c p. o/o sur les recettes. 75 p. o/o sur les dépenses.
Sur les 100,000 fr. suivants	33 p. o/o sur les recettes. 33 p. o/o sur les dépenses.
Sur les sommes excédant un million.	12 p. o/o sur les recettes. 12 p. o/o sur les dépenses.

Les traités entre les administrations municipales et les receveurs, qui auraient pour objet l'allocation de remises inférieures à ce tarif sont interdits. (Circ. du 20 avril 1843.)

Cependant les conseils municipaux ont la faculté d'augmenter ou de réduire d'un dixième les remises des receveurs municipaux. (Ord. du 17 avril 1839, art. 3.)

Les opérations qui ne donnent pas lieu à des remises sont indiquées dans les instructions ministérielles du 25 juin 1841. (V. aussi l'instr. gén. du 17 juin 1840.)

Remises au receveur central.

Ces remises se composent d'un tiers de centime sur les sommes encaissées par ce comptable pour l'abonnement au *Bulletin des lois*, les impressions à l'usage des communes et la moitié partageable du produit net de l'octroi de banlieue. (Arr. préfectoral du 13 septembre 1822.)

Traitement du commissaire de police.

Les décrets des 17 germinal an XI et 22 mars 1813 ont fixé le chiffre des traitements et des frais de bureau de ces agents.

Ces traitements et ces frais de bureau sont établis ainsi qu'il suit ;

Traitements

Pour les communes de 40,000 âmes et au-dessus.	1,800f
de 25,000 —	1,500
de 15,000 —	1,200
de 10,000 —	1,000
au dessous de 10,000 âmes...	800

Frais de bureau

Dans les villes de 100,000 âmes..............	800
de 40,000 âmes et au-dessus....	600
de 25,000 à 40,000 âmes.......	450
de 15,000 à 25,000	350
de 10,000 à 15,000	250
au-dessous de 10,000 âmes......	200

Si la commune allouait à son commissaire de police un supplément de traitement ou des frais de bureau au delà de ces fixations, ce serait une dépense facultative. (Circ. du 17 août 1837.)

Salaire des gardes champêtres.

Le traitement des gardes champêtres doit être égal au produit de l'imposition votée, lorsque les communes ne peuvent pas pourvoir à cette dépense sur leurs ressources ordinaires.

Frais de perception de l'octroi.

Les frais de premier établissement de régie et de perception des octrois sont proposés par le conseil municipal et soumis à l'approbation de l'autorité supérieure. (Ord. du 9 décembre 1814, art. 10.)

Dixième revenant au trésor.

Le dixième prélevé au profit du trésor sur la recette de l'octroi se calcule d'après le produit brut, déduction faite de toutes les dépenses relatives aux frais de perception et d'impressions pour ce service. (Loi du 28 avril 1816, art. 153.)

Le dixième au profit du trésor n'est pas dû lorsque la taxe est consentie pour subvenir au payement d'un travail d'utilité publique.

Moitié des amendes revenant aux employés de l'octroi.

La dépense à porter au budget doit être égale à la moitié du produit inscrit au chapitre Ier des recettes ordinaires.

Frais de perception dans les halles, foires, marchés et abattoirs.

Le chiffre de ces frais est variable lorsque la perception s'effectue par la commune; mais quand elle est mise en ferme, les frais sont supportés par l'adjudicataire.

Frais de perception sur les rivières.

Ces frais sont assez généralement fixés au dixième du produit brut.

Loyer de la maison commune.

Le prix est porté au budget d'après la location consentie.

Entretien du pavé des rues, des bâtiments communaux.

Lorsque la dépense excède 300 francs, les travaux sont mis en adjudication publique, et le prix adjugé est porté au budget. (V. p. 15.)

Assurances des propriétés communales.

Les receveurs municipaux ne sont autorisés à payer cette dépense qu'après que le traité a été approuvé par l'autorité supérieure. (Circ. du 9 août 1842.)

Éclairage. — Enlèvement des boues.

Ces dépenses doivent faire l'objet d'adjudications publiques. Il ne peut y avoir exception à cette règle que pour les cas extraordinaires, et lorsqu'il est positivement établi que la concurrence est impossible. (Ord. du 14 novembre 1837.)

Entretien des chemins vicinaux ordinaires.

On porte au budget le chiffre de la dépense lorsqu'elle est payée sur les ressources ordinaires.

Frais d'enrôlements volontaires.

Le chiffre de la dépense doit être égal à celui de la recette.

Aliénés et enfants trouvés.

Ces dépenses sont portées par prévision au budget, sauf fixation ultérieure, par l'autorité compétente, du contingent à payer par la commune.

Pensions de retraite.

Il n'en existe pas, jusqu'à présent, dans le département de la Seine, pour les employés et agents communaux.

Dépenses de garde nationale.

Ces dépenses doivent être détaillées conformément à la nomenclature du budget.

Secours au bureau de charité.

Les subventions ne peuvent être accordées par les communes qu'autant que l'insuffisance des revenus des établissements charitables est constatée.

Instituteurs communaux.

La loi du 15 mars 1850 a fixé à 600 francs le traitement des instituteurs communaux. Il doit être pourvu au payement de ce traitement, soit au moyen d'une imposition extraordinaire dont le produit ne peut excéder 200 fr., soit par des rétributions mensuelles, soit enfin au moyen d'un prélèvement sur les ressources ordinaires communales.

Rétributions mensuelles.

La dépense est égale à la recette portée au chapitre Ier des recettes ordinaires.

Chemins vicinaux, application des centimes votés.

Le chiffre de la dépense doit être le même que celui du produit de l'imposition votée à cet effet.

Il en est de même pour les prestations.

On doit porter au budget un chiffre de dépense pour les frais de confection des rôles des prestations.

Service de l'église.

A l'exception du supplément de traitement du curé ou du desservant, de l'achat et de l'entretien d'objets relatifs au culte, toutes les autres dépenses, mentionnées dans la nomenclature du budget, sont obligatoires pour les communes lorsqu'il est constaté par les comptes et budget de la fabrique que cet établissement ne peut pas supporter la dépense.

Toutefois, le conseil municipal, pour éclairer son opinion sur les demandes de subventions faites aux communes, peut, avant de statuer, réclamer la production des pièces qu'il lui paraîtrait utile de consulter. (Avis du cons. d'État du 20 novembre 1839.—Circ. des 4 novembre 1839, et 16 janvier 1840.)

Frais de perception des impositions communales.

La dépense à porter au budget est égale au chiffre de la recette.

Dépenses imprévues.

Pour restreindre autant que possible les demandes de crédits supplémentaires, on est assez généralement dans l'usage de porter dans les budgets une allocation pour dépenses imprévues.

Cette allocation ne peut être proposée qu'après qu'il a été satisfait à toutes les dépenses obligatoires ; elle ne peut excéder le dixième des revenus ordinaires. (Loi du 18 juillet 1837, art. 37.)

Le crédit, pour dépenses imprévues, doit être employé par le maire, avec l'approbation du préfet, lorsque le budget est réglé par le gouvernement, et avec celle du sous-préfet lorsque le budget est réglé par le préfet.

Cependant, dans les communes autres que les chefs-lieux de département ou d'arrondissement, le maire peut appliquer ce crédit à des dépenses urgentes, sans approbation préalable, à la charge, par lui, d'en informer immédiatement le sous-préfet, et d'en rendre compte au conseil municipal dans la première session ordinaire qui suit l'époque de la dépense.

Ce que veut la loi, c'est que les maires des communes, autres que les chefs-lieux de département ou d'arrondissement, ne puissent disposer de ce fonds de dépenses imprévues, sans autorisation préalable, autrement que pour les dépenses urgentes, ce qui exclut toutes celles qui n'auraient pas ce caractère.

Le fonds des dépenses imprévues ne peut être employé à payer en tout ou en partie des dépenses, même imprévues, qui auraient été faites *pendant un autre exercice* que celui pour lequel il a été alloué, non plus qu'à des dépenses proposées au budget et qui *en auraient été rejetées.* Il n'est permis de l'affecter qu'au complément de prélèvements légaux et à de modiques excédants des dépenses autorisées.

Aucun secours, aucune indemnité, gratification, aucune dépense enfin dont l'objet sort de la classe de celles qui s'effectuent habituellement en vertu des lois et règlements généraux, ne peut avoir lieu sur le fonds des dépenses imprévues, à moins d'une autorisation que le ministre de l'intérieur se réserve d'accorder sur la proposition qui devra lui en être faite par le préfet. (Circ. du 20 avril 1834. — V. p. 114.)

CHAPITRE 2 DU BUDGET. — DÉPENSES EXTRAORDINAIRES. (V. p. 13 et 14.)

Les dépenses indiquées dans le chapitre II sont payées au moyen des ressources extraordinaires mentionnées pour chacune d'elles dans le chapitre II des recettes extraordinaires.

Les revenus ordinaires des communes, lorsqu'ils sont suffisants, peuvent aussi y être affectés.

Il importe, pour chaque dépense, de rappeler à l'article du budget la date de l'acte qui l'a autorisée, le chiffre total à payer et les sommes qui l'ont été par à-compte. Ce moyen d'ordre permettra de suivre l'opération jusqu'à l'entier payement.

Il est bon de dire ici que les cautionnements fournis par les entrepreneurs ne doivent figurer ni dans le budget ni dans le compte de la commune. Ils sont portés, par les receveurs municipaux, à la troisième partie du compte de gestion, sous le titre de *Dépôt de garantie.*

Le montant de ces cautionnements est déposé entre les mains du receveur municipal, qui le verse immédiatement à la caisse de service; il est ensuite placé au trésor au nom du dépositaire. (Circ. du 9 juin 1838.)

CHAPITRE II.

DU BUDGET SUPPLÉMENTAIRE.

De sa division et de sa formation.

Le budget supplémentaire, comme il a été dit (p. 5), se compose de deux chapitres additionnels, qui prennent le n° 3 et qui servent à compléter les opérations du budget primitif. (V. p. 127 et 128.)

Les chapitres additionnels, d'après la circulaire du 10 avril 1835, p. 126 et suiv., sont partagés, en recette comme en dépense, en deux sections.

La section 1re comprend :

1° Le report de l'excédant de l'exercice clos, dans lequel se trouve le montant des sommes provenant des crédits ou des portions de crédits annulés faute d'emploi;

2° Les restes à recouvrer de ce même exercice.

La première section des dépenses supplémentaires contient 1° l'excédant de dépense, s'il résulte du compte de l'exercice clos, que les dépenses ont excédé les recettes (V. p. 91; 2° les reports des crédits ou portions de crédits du budget précédent, pour dépenses faites au 31 décembre, et qui n'ont pas été payées à la clôture de l'exercice, c'est-à-dire au 31 mars de l'année suivante.

La section 2 des recettes supplémentaires comprend toutes les recettes, de quelque nature qu'elles soient, et qui, non prévues au budget primitif, sont autorisées supplémentairement dans le cours de l'exercice, telles qu'un legs ou une donation, un secours extraordinaire, un remboursement de capitaux, en un mot tous les recouvrements qui ne rentreraient pas, par leur nature, dans l'un des articles de recettes prévus au budget primitif.

Enfin la section 2 des dépenses supplémentaires reçoit tous les crédits qui sont autorisés par les chapitres additionnels et par des arrêtés spéciaux.

Les chapitres additionnels sont délibérés par le conseil municipal, dans la session de mai, après qu'il a été procédé aux opérations de la clôture de l'exercice expiré, époque où les reports de cet exercice sont connus, et où l'on peut les rattacher au budget de l'exercice en cours d'exécution.

La circulaire du 10 avril 1835, p. 128, recommande de réserver, autant que possible, pour cette époque les demandes de crédits supplémentaires pour en faire l'objet de propositions dans les chapitres additionnels au budget de l'exercice. (V. p. 54.)

« Les chapitres additionnels des recettes et des dépenses « supplémentaires, dit cette circulaire, offrant une occasion « naturelle de compléter soit en recette, soit en dépense, le « budget primitif de l'exercice, il sera bon, autant que possible, « de réserver pour cette époque les demandes de crédits « supplémentaires, de manière à rentrer entièrement dans « l'exécution de la circulaire du 20 avril 1834, qui recom- « mandait aux administrations locales de ne point multiplier « ces sortes de demandes pendant le cours de l'exercice. »

La circulaire précitée p. 126, a expliqué le système de comptabilité prescrit par l'ordonnance du 1er mars 1835, qui a voulu qu'on reportât au budget de l'année pendant laquelle a eu lieu la clôture de l'exercice expiré, les restes à recouvrer et à payer ainsi que l'excédant de cet exercice.

Ce report, comme l'indique l'instruction, doit être fait par un titre spécial, pour que les restes à recouvrer et à payer ne soient pas confondus avec les recettes et les dépenses de l'exercice suivant, et pour qu'on puisse retrouver la trace et l'origine des allocations, et les rattacher aux crédits dont elles dépendaient primitivement.

C'est ce qui explique la division des chapitres additionnels en deux sections, pour ce qui concerne les recettes aussi bien que pour ce qui concerne les dépenses.

La première section comprend, comme il a été dit, les opérations complémentaires de l'exercice expiré : soit, pour exemple, l'exercice 1849.

La seconde section comprend les opérations complémentaires du budget de l'exercice courant : soit 1850.

Ainsi que nous l'avons fait pour le budget, nous allons suivre l'ordre des chapitres additionnels, et indiquer comment il doit être procédé à leur formation.

CHAPITRE 3 DU BUDGET SUPPLÉMENTAIRE. — RECETTES SUPPLÉMENTAIRES. — 1re Section. (V. p. 51.)

Cette section est destinée, comme on l'a vu (p. 46), à recevoir l'excédant de l'exercice clos (1849).

On inscrit ensuite dans l'ordre du budget (1849) le report des recettes restant à recouvrer sur ce même exercice, avec mention, s'il y a lieu, dans la colonne d'observations, des recettes ou des portions de recettes, qui ont été admises en non-valeurs. (V. p. 51 et 100.)

RECETTES SUPPLÉMENTAIRES. — Section 2. (V. p. 51.)

La section 2 comprend toutes les recettes nouvelles de quelque nature qu'elles soient, pourvu qu'elles n'aient pas été prévues au budget primitif (1850).

Voici ce que dit à ce sujet la circulaire du 1er juillet 1837, p. 139 :

« Quelques-uns des budgets supplémentaires adressés « l'année dernière au ministère, offraient, parmi les recettes, « des sommes représentant l'excédant probable des produits « de l'octroi, ou de tout autre revenu public, sur les prévisions « admises au budget. Ces sommes ont dû être écartées comme « ne formant pas une recette nouvelle, mais se rattachant, au « contraire, à un article déjà compris au budget primitif. Si « on les eût maintenues dans les chapitres additionnels, la « même recette aurait été scindée en deux articles dans le « compte, puisque la forme du compte doit être calquée sur « celle du budget tant primitif que supplémentaire. »

CHAPITRE 3 DU BUDGET SUPPLÉMENTAIRE. — DÉPENSES SUPPLÉMENTAIRES. — Section 1re. (V. p. 52).

La première section des dépenses supplémentaires comprend 1° l'excédant de dépenses de l'exercice clos (1849), dans le cas où les recettes auraient été inférieures aux dépenses. (V. p. 46, 113 et 126.)

2° Le report des dépenses restant à payer de l'exercice expiré (1849), d'après leur ordre d'inscription au budget (1849).

Il est quelquefois certaines ressources provenant, par exemple, d'emprunts, de secours accordés, de centimes additionnels pour les chemins vicinaux, etc., qu'il est utile de conserver à leur affectation pour qu'elles ne soient pas confondues avec les autres ressources communales, ni détournées de leur destination.

On formera, dans ce cas, une deuxième section, qui sera intitulée : Crédits ou portions de crédits réservés non employés, avant le 31 décembre dernier (1849) et reportés à l'exercice courant (1850), pour recevoir leur affectation spéciale. (Circulaire du 1er juillet 1837, p. 140.) La deuxième section prendrait alors le rang de troisième section. (V. p. 52.)

DÉPENSES SUPPLÉMENTAIRES.— Section 2. (V. p. 52.)

La deuxième section reçoit 1° par ordre de date des approbations, les crédits ouverts par des arrêtés spéciaux postérieurement au règlement définitif du budget (1850). (Circulaire du 15 juin 1836, p. 136 et 137). (V. p. 55.)

2° Les crédits à renouveler qui ont déjà fait l'objet de reports aux budgets précédents, et qu'on intitulera :

Crédits ou portions de crédits de l'exercice (1848) reportés sur l'exercice (1849) et qui ont été annulés au 31 mars (1850), faute d'emploi en temps utile. (V. p. 52, 121 et 128.)

3° Les dépenses nouvelles à effectuer jusqu'à la clôture de l'exercice. Ces dépenses sont proposées dans la limite des ressources disponibles. (V. p. 53 et 55.)

On fera bien de diviser la section 2 en trois paragraphes, qui comprendront les diverses natures de crédits.

C'est le mode que nous proposons d'adopter, comme on le verra dans le modèle suivant.

Les crédits ou portions de crédits, reportés d'un exercice sur l'autre, et dont il est parlé dans la section première des dépenses supplémentaires, doivent être employés dans les délais fixés par ce dernier exercice, autrement ils sont définitivement annulés.

Par exemple, les crédits de l'exercice 1849, qui ont été reportés sur l'exercice 1850 comme restes à payer de 1849, doivent rigoureusement être payés au 31 mars 1851.

La circulaire ministérielle du 10 avril 1835, p. 129, s'exprime ainsi à cet égard :

« Il a été réglé dès à présent, de concert entre les ministères « de l'intérieur et des finances, que les crédits reportés de « l'exercice clos sur l'exercice suivant pour restes à payer, « doivent être nécessairement employés dans la limite du « nouvel exercice et ne pourraient plus être reportés sur « l'exercice suivant. Faute d'emploi, ils seront définitivement « annulés et ne pourront plus revivre qu'en vertu de nouveaux

« crédits supplémentaires autorisés dans les formes prescrites. »

Les articles de recettes et de dépenses du budget supplémentaire prennent ordinairement la suite des numéros d'ordre des articles du budget. (V. p. 5, 86 et 87.)

DÉPARTEMENT DE LA SEINE. | ARRONDISSEMENT DE | COMMUNE d

CHAPITRES additionnels au Budget de l'exercice (1850), *formés en exécution de l'instruction du* 10 *avril* 1835.

TITRE Ier. — RECETTES.

Nos D'ORDRE.	NATURE DES RECETTES.	RECETTES PROPOSÉES par le maire.	par le conseil municipal.	par le sous-préfet.	RECETTES admises par le préfet.	OBSERVATIONS.
	CHAPITRE III. RECETTES SUPPLÉMENTAIRES.					
	SECTION 1re. *Reports.*					
31	Excédant de l'exercice précédent (1849)........................	fr. 20,958	fr. 20,958	fr. 20,958	fr. 20,958	
	Restes à recouvrer du même exercice.					
32	Subvention pour l'église..........	3,000	3,000	3,000	3,000	
33	Souscriptions pour le chemin de .	500	500	500	500	Cette somme a été admise en non-valeur par arrêté du préfet du 15 juin 1848.
34	Vente de matériaux provenant de l'ancienne mairie..............	4,000	4,000	4,000	4,000	
	SECTION 2. *Recettes non désignées au budget primitif.*					
35	Subvention sur le fonds de réserve de l'octroi de banlieue pour les écoles.........................	6,000	6,000	6,000	6,000	
36	Souscriptions pour le pavage du chemin vicinal de	1,000	1,000	1,000	1,000	
37	Donation de M. pour les écoles.	800	800	800	800	
38	Subvention pour la classe d'adultes.	150	150	150	150	
	TOTAL des recettes supplémentaires.	36,408	36,408	36,408	36,408	

N^os D'ORDRE.	NATURE DES DÉPENSES.	CRÉDITS PROPOSÉS par le maire.	par le conseil municipal.	par le sous-préfet.	CRÉDITS alloués par le préfet.	OBSERVATIONS.
	CHAPITRE III. DÉPENSES SUPPLÉMENTAIRES.					
	SECTION 1re. *Reports.*					
	CRÉDITS ANNULÉS. — Dépenses restant à payer à la clôture de l'exercice (1849).					
	SAVOIR :					
76	Dépense des enfants trouvés p^r (1849)	320	320	320	320	
77	Construction d'un égout...........	1,000	1,000	1,000	1,000	
78	Fourniture d'une horloge..........	500	500	500	500	
79	Habillement des tambours.........	350	350	350	350	
80	Pavage de la rue..... solde.......	1,080	1,080	1,080	1,080	
	SECTION 2. *Crédits ou portions de crédits réservés non employés avant le 31 décembre dernier (1849) et reportés à l'exercice courant pour recevoir leur affectation spéciale.*					
80 *b.*	Réparation des chemins vicinaux, produits des (5 c.) non employés.	1,000	1,000	1,000	1,000	
	SECTION III. § 1er. *Crédits ouverts par des arrêtés spéciaux depuis le règlement du budget.*					
81	Achat d'un drapeau................	100	100	100	100	Arrêté administrat. du 15 févr. 1850.
82	Réparation de la fontaine.........	300	300	300	300	Idem du 10 mars.
83	Achat de cailloux.................	600	600	600	600	Idem du 15 mars.
84	Indemnité à un porteur d'eau pour cause d'incendie...............	30	30	30	30	Idem du 1er avril.
	§ 2. *Crédits à renouveler.*					
	Crédits ou portions de crédits de l'exercice 1848 reportés sur l'exercice (1849) et qui ont été annulés au 31 mars (1849), lesquels ne peuvent plus être reportés en (1850) sans autorisation nouvelle.					
85	Fourniture de pavés pour le chemin de	1,000	1,000	1,000	1,000	
86	Clôture du cimetière solde...	2,000	2,000	2,000	2,000	
	A reporter.........	8,280	8,280	8,280	8,280	

Nos D'ORDRE.	NATURE DES DÉPENSES.	CRÉDITS PROPOSÉS par le maire.	par le conseil municipal.	par le sous-préfet.	CRÉDITS alloués par le préfet.	OBSERVATIONS.
	Report............	8,280	8,280	8,280	8,280	
	§ 3. *Dépenses nouvelles non allouées au budget primitif.*					
87	Emploi de la subvention pour la classe d'adultes..................	150	150	150	150	
88	Pavage du chemin vicinal de.......	4,000	4,000	4,000	4,000	
89	Complément des remises du receveur municipal.................	548	548	548	548	
90	Frais d'instance dans le procès de..	300	300	300	300	
91	Clôture du cimetière, travaux supplémentaires....................	1,200	1,200	1,200	1,200	
92	Travaux de menuiserie dans la mairie............................	400	400	400	400	
93	Habillement des sergents de ville..	600	600	600	600	
	TOTAL des dépenses supplémentair.	15,478	15,478	15,478	15,478	

RÉCAPITULATION.

	SUIVANT LES PROPOSITIONS du maire.	du conseil municipal.	du sous-préfet.	SUIVANT la décision.
CETTES supplémentaires.............	36,408	36,408	36,408	36,408
PENSES supplémentaires.............	15,478	15,478	15,478	15,478
XCÉDANT de Recettes...............	20,930	20,930	20,930	20,930
XCÉDANT de Dépenses...............	»	»	»	»

CHAPITRE III.

DES CRÉDITS SUPPLÉMENTAIRES.

Les allocations portées au budget primitif et au budget supplémentaire ne suffisent pas toujours aux besoins de l'année. Il devient quelquefois nécessaire de voter des crédits additionnels, soit pour le payement de dépenses urgentes, qui ne peuvent pas attendre la formation des chapitres additionnels, soit pour pourvoir à des besoins après le règlement de ces chapitres.

Le fonds des dépenses imprévues donne bien le moyen de parer à quelques éventualités, mais lorsque ce fonds est insuffisant, ou que les prélèvements proposés ne peuvent pas avoir lieu sur ce fonds, les administrations municipales doivent recourir aux crédits supplémentaires, soit après le règlement du budget, soit après l'approbation des chapitres additionnels. (V. p. 114 et 128.)

Aussi la loi du 18 juillet 1837 a-t-elle donné aux conseils municipaux la faculté de voter des crédits supplémentaires par addition aux articles du budget.

« Les crédits, dit l'art. 34 de cette loi, qui pourraient être « reconnus nécessaires après le règlement du budget, sont « délibérés conformément aux articles précédents (c'est-à- « dire dans la même forme que les budgets) et autorisés par « le préfet, dans les communes dont il est appelé à régler le « budget, et par le ministre dans les autres communes. — « Toutefois, dans ces dernières communes, les crédits sup- « plémentaires pour dépenses urgentes pourront être approu- « vés par le préfet. » (V. p. 134.)

Les demandes de crédits supplémentaires ne doivent pas pourtant se multiplier; les instructions recommandent de les réserver pour les cas d'extrême nécessité et d'urgence absolue et lorsqu'il s'agit d'effectuer des dépenses qu'on ne peut ajourner sans compromettre le service. (Circ. des 20 avril 1834 et 15 juin 1836.) (V. p. 47 et 114.)

Les crédits supplémentaires ne peuvent être ouverts qu'autant qu'il existe des ressources disponibles.

S'ils sont proposés après le règlement du budget primitif,

le montant ne pourra excéder soit le boni resté libre sur les prévisions de recettes du budget, soit, en cas d'insuffisance de ce boni, sur les excédants des prévisions, s'il en existe, constatés par un état de situation de la caisse communale.

S'ils sont proposés, soit dans les chapitres additionnels, soit après l'approbation de ces chapitres, ils ne devront pas excéder rigoureusement les sommes disponibles de l'exercice clos, reportées au budget supplémentaire, et les recettes nouvelles portées dans ce budget, à moins toutefois d'excédants sur les prévisions de recettes constatés également par un état de situation de la caisse communale.

Les crédits proposés doivent servir pour des dépenses à effectuer dans l'exercice. (Circ. du 10 avril 1835, p. 120.) (V. p. 49.)

Ils sont rattachés au budget soit en les inscrivant dans les chapitres additionnels, s'ils ont été ouverts après la formation du budget primitif (V. p. 49), soit en les inscrivant dans les comptes administratif et de situation d'exercice s'ils ont été ouverts depuis la formation du budget supplémentaire. (Circ. du 15 juin 1836, p. 136.) (V. p. 82, 87 et 128.)

CHAPITRE IV.

RÈGLES GÉNÉRALES SUR LA COMPTABILITÉ.

Des dépenses. — Du maniement des deniers communaux. — Des pièces à produire par les maires aux receveurs municipaux, et par les receveurs aux maires.

On a vu que le budget, dans son acception la plus générale, comprend le budget primitif, le budget supplémentaire et les crédits additionnels.

Il ne suffit pas de proposer les dépenses au budget, il faut connaître les conditions de leur emploi et les règles qui s'y appliquent.

§ 1er. — Des dépenses et de leur emploi.

Aucune dépense ne peut être payée sans qu'un crédit ait été ouvert au budget. (V. p. 57.)

Telle est la recommandation faite par les instructions contenues dans la circulaire du 1er juillet 1837, p. 139.

Cependant l'art. 786 de l'instruction générale du ministère des finances, du 17 juin 1840, dispense les communes de se pourvoir d'autorisations pour le payement des frais de perception d'octroi et du dixième revenant au Trésor, par la raison que les règlements, approuvés par le Gouvernement, tiennent lieu aux receveurs municipaux des autorisations extraordinaires exigées pour les recettes et les dépenses non prévues au budget communal.

Cette disposition de l'instruction générale paraîtrait prendre sa source dans les opérations financières relatives au service de l'octroi. Ces opérations s'effectuent, aux termes des abonnements consentis par les communes avec la régie des contributions indirectes, par des agents spéciaux, qui ne sont autorisés à verser dans les caisses communales que le produit net des droits d'octroi, c'est-à-dire la somme revenant à la commune, déduction faite des frais de perception et du dixième au profit du Trésor.

Il y a là quelque chose d'anormal et de contraire aux règles de la comptabilité, qui veulent qu'aucune dépense ne soit payée sans qu'elle ait été ordonnancée sur un crédit régulièrement ouvert.

On dira de plus que les conseils municipaux se trouvent privés, par cette manière de procéder, de tout moyen de contrôle sur cette partie du service financier, puisqu'ils ne sont appelés à examiner les comptes qu'à la clôture de l'exercice, et lorsque les opérations sont consommées.

Il en résulte que, si l'on s'en rapporte à la circulaire de 1837, les receveurs municipaux, en opérant l'encaissement du produit net des droits d'octroi, en passant écritures des dépenses y relatives, et en ne produisant pas des mandats de payement, ainsi que cela est exigé par les instructions, s'exposeraient à des injonctions ou à des forcements en recette.

Cette circulaire s'exprime ainsi :

« Par une circulaire du 21 juillet 1828, un de mes prédé-
« cesseurs avait dispensé les administrations locales de re-
« courir à des demandes de crédits près l'autorité supérieure,
« à l'occasion de certaines dépenses dont le payement semble
« devoir s'effectuer de droit, telles que le prélèvement du
« dixième de l'octroi au profit du Trésor, l'emploi des secours
« accordés aux communes pour l'instruction primaire, etc.

« Cette faculté s'est étendue successivement, par analogie,
« à d'autres articles de dépenses dont les crédits se sont ainsi
« trouvés quelquefois dépassés sans que l'autorité qui règle
« le budget en eût été informée. Je citerai, en ce genre, les
« frais de perception de l'octroi, dont le montant est fixé par
« M. le ministre des finances, les contributions des biens
« communaux, qui sont exigées sans retard, etc.

« Cette marche a occasionné souvent des demandes d'ex-
« plications, lors de l'examen des comptes.

« Pour obvier à cet inconvénient, je crois utile de prescrire
« *qu'aucune dépense ou qu'aucun excédant de dépense, de*
« *quelque nature qu'il soit, ne devra être acquitté sans*
« *l'ouverture d'un crédit préalable.* »

Cette recommandation est toujours en vigueur puisqu'elle n'a pas été rapportée par le ministère de l'intérieur; mais il faut reconnaître qu'en l'état actuel, l'art. 786 de l'instruction générale, que nous avons cité plus haut, est en opposition formelle avec les principes de la circulaire, et que les dispositions de cet article règlent aujourd'hui la pratique constante de l'administration.

Les maires, ou les adjoints en leur absence, sont les seuls ordonnateurs des dépenses municipales. (Loi du 18 juillet 1837, art. 10 et 61.) (V. p. 59.)

On entend par ordonnateur le fonctionnaire qui délivre les mandats de payement destinés à être présentés au receveur municipal.

Les mandats doivent énoncer l'exercice et le crédit auxquels ils s'appliquent, et mentionner le numéro de l'article du budget ou la date de l'arrêté administratif qui a ouvert le crédit.

Les mandats sont délivrés au profit et au nom des créanciers des communes. (Loi du 18 juillet 1837, art. 61. — Inst. gén., art. 851.)

Ils doivent être appuyés de toutes les pièces voulues par les règlements pour justifier de la réalité de la dette et valider le payement. (Inst. gén., art. 1322.) (V. p. 163.)

Tout payement qui serait effectué sans l'accomplissement de ces formalités resterait à la charge du comptable. (Loi du 11 frimaire an VII. — Décret du 27 février 1811. — Ordonn. du 23 avril 1823.)

Les receveurs municipaux sont autorisés à refuser le payement des mandats qui ne seraient point accompagnés des justifications prescrites; toutefois, ces comptables sont tenus de remplir les formalités qui leur sont imposées par les instructions. (Inst. gén., art. 862 et suivants. — Circ. du 17 mars 1836.)

Les dépenses faites du 1er janvier au 31 décembre peuvent être ordonnancées jusqu'au 15 mars au plus tard de l'année suivante. (Ord. du 1er mars 1835 et du 24 juin 1843.) (p. 62 et 117.)

Tous mandats non payés au 31 du même mois de mars sont annulés, sauf réordonnancement, s'il y a lieu, après report sur l'exercice qui suit. (Inst. gén., art. 717 à 721 et 852.) (V. p. 49, 116, 120 et 126.)

Les crédits en vertu desquels les dépenses des communes doivent être acquittées et qui ont été alloués au budget ou par des autorisations spéciales, doivent servir exclusivement à la dépense pour laquelle ils ont été ouverts. (Inst. gén., art. 846.)

Les administrations municipales ne peuvent en changer la destination sans une décision de l'autorité compétente. (Même instr., même article.)

Les mandats et les payements ne peuvent excéder, sous quelque prétexte que ce soit, les crédits alloués. (Inst. gén., art. 722.)

Les crédits accordés pour un exercice sont affectés rigoureusement au payement des dépenses qui résultent de services faits dans l'année qui donne son nom à l'exercice, c'est-à-dire du 1er janvier au 31 décembre. (Circ. du 20 avril 1834. — Ord. du 1er mars 1835. — Circ. du 10 avril 1835. — Inst. gén., art. 701, 717, 718 et 848.) (V. p. 62 et 120.)

§ 2. — Du maniement des deniers communaux.

Les recettes et les dépenses des communes s'effectuent par un comptable, chargé seul, sous sa responsabilité, de poursuivre la rentrée de tous les revenus de la commune et de toutes les sommes qui lui seraient dues, ainsi que d'acquitter les dépenses ordonnancées par le maire jusqu'à concurrence des crédits ouverts. (Loi du 18 juillet 1837, art. 62.)

Toute personne, autre que le receveur municipal, qui, sans autorisation légale, se serait ingérée dans le maniement des deniers de la commune, sera, par ce seul fait, constituée comptable ; elle pourra, en outre, être poursuivie en vertu de l'article 258 du Code pénal, comme s'étant immiscée sans titre dans des fonctions publiques. (Même loi, art. 64.) (V. p. 31 et suivantes.)

La circulaire du ministre de l'intérieur du mois de septembre 1824 s'exprime ainsi sur les causes qui ont motivé une entière séparation entre l'ordonnateur des dépenses (le maire), et le comptable (le receveur), chargé d'en opérer le payement :

« De tous les principes qui importent le plus au bon ordre « dans l'administration des deniers publics et par conséquent « des deniers communaux, il n'en est pas de plus essentiel, « de plus généralement consacré par toutes les lois, par tous « les règlements, que celui qui met une entière séparation « entre les fonctions d'ordonnateur et celles de receveur ou « payeur. Il ne saurait y avoir à ce sujet aucune tolérance, « attendu qu'il n'y a point d'abus qui entraîne avec lui de « plus fâcheuses conséquences.

« Les maires ont qualité pour ordonnancer ; non-seulement « ils ne l'ont point pour percevoir et pour payer, ni « pour faire percevoir et payer par d'autres que par les re« ceveurs municipaux, mais rien ne leur est plus formelle« ment interdit. En matière de gestion financière, tout acte « de cette nature, fait sans droit, est jugé en lui-même et non « d'après les intentions qu'on a pu y mettre, parce qu'il dé« truit la responsabilité sur laquelle tout repose. »

§ 3. — Des pièces à produire par le receveur.

Les receveurs municipaux sont tenus de remettre aux maires, à la fin de chaque trimestre, comme document servant à contrôler et à suivre les diverses opérations d'ordonnancement, un bordereau de situation qui présente, par exercice, les sommes à recouvrer et à dépenser, ainsi que le montant des recouvrements et des payements effectués sur chaque article du budget. (Circ. du 16 mars 1836.) (V. p. 125 et 132.)

Ce bordereau fait ressortir l'encaisse, à la fin de chaque trimestre, en distinguant le numéraire immédiatement disponible et les fonds placés en compte courant au Trésor.

Les receveurs remettent en outre aux maires, à la fin de chacun des deux premiers mois de chaque trimestre, un état présentant, dans la forme de la récapitulation qui termine le bordereau précité, le résumé de leurs recettes et de leurs dépenses, avec le montant et la composition de leur encaisse. (C. du 16 mars 1836.)

Au moyen de ces documents, les maires peuvent suivre la situation des crédits du budget, connaître les encaisses disponibles pour l'acquittement de leurs mandats, et apprécier l'importance des sommes dont il pourrait y avoir lieu d'opérer le retrait sur les fonds placés par la commune au Trésor. (Inst. gén., art. 853, 854 et 855.)

Les comptables qui négligeraient de fournir aux maires les bordereaux ci-dessus prescrits, ou qui ne les remettraient pas en temps utile, s'exposeraient à l'application de la loi du 25 nivôse an V, qui prononce, pour des cas semblables, la privation des remises, sans préjudice de mesures plus sévères s'il y a lieu. (Inst. gén., art. 856. (V. p. 133.)

§ 4. — Des pièces à produire aux receveurs.

Les receveurs municipaux doivent recevoir, des maires, une expédition en forme de tous les baux, contrats, jugements, déclarations, titres nouvels, et tous autres actes concernant les revenus dont la perception leur est confiée. (Ord. du 31 mai 1840, p. 143. — Circ. du 28 décembre 1841, p. 146.)

Les expéditions sont délivrées sur timbre si elles sont susceptibles d'être produites en justice. (Loi du 13 brumaire an VII; art. 16 et 23.)

Les comptables sont autorisés à demander, au besoin, que les originaux de ces divers actes leur soient communiqués sur leur récépissé. (Inst. gén., art. 710 et 895.)

DEUXIÈME PARTIE.

DES OPÉRATIONS RELATIVES A LA CLOTURE DE L'EXERCICE.

CHAPITRE V.

DE LA CLÔTURE DE L'EXERCICE, ET DES ÉTATS DES RESTES A PAYER ET A RECOUVRER.

§ 1er. — Clôture de l'exercice.

La première partie de notre travail embrasse tout ce qui se rapporte au vote du budget.

Nous allons parler maintenant des opérations complémentaires, c'est-à-dire des opérations relatives à la clôture de l'exercice, telles que :

L'établissement des états des restes à payer et à recouvrer;

L'établissement du compte administratif;

L'établissement de l'état de situation d'exercice;

L'examen des pièces comptables par le conseil municipal, et de ses attributions en ce qui touche la clôture définitive de l'exercice;

Enfin, le budget supplémentaire, qui doit être formé d'après le résultat de l'exercice clos, par exemple, de 1850, et qui se rattachera au budget primitif de 1851.

La loi du 18 juillet 1837, par son article 10, a chargé les maires de la gestion des revenus communaux; elle leur a donné le pouvoir de proposer le budget et d'ordonnancer les dépenses, mais elle les a obligés aussi à rendre compte de leurs opérations aux conseils municipaux aussitôt après la clôture des exercices.

La même loi, article 62, charge le receveur municipal, sous sa responsabilité, d'effectuer le recouvrement des deniers communaux et le payement des dépenses; elle oblige aussi ce comptable à rendre compte de ses opérations à la même époque.

Le mode de reddition des comptes du maire et du receveur et les opérations de clôture des exercices ont donné lieu à de nombreuses instructions. (Voir les ordonnances des 1er mars 1835, 31 mai 1840 et 24 janvier 1843, et les circulaires des 10 avril 1834, 5 mars et 10 avril 1835, 16 et 17 mars et 15 juin 1836, 1er juillet 1837, 12 novembre et 28 décembre 1841, 31 août 1842, 18 novembre 1845, et l'instruction générale du ministère des finances du 17 juin 1840.)

Il va être rendu compte successivement de ces opérations; mais nous croyons devoir faire connaître au préalable quelle est la durée et l'époque de la clôture de l'exercice.

§ 2. — De la durée de l'exercice.

L'article 1er de l'ordonnance du 24 janvier 1843 a fixé au 31 mars de la seconde année l'époque de la clôture de l'exercice pour toutes les communes.

La durée de l'exercice est donc de quinze mois.

Cette ordonnance a modifié l'ordonnance du 1er mars 1835, qui avait fixé la clôture des exercices au 30 juin pour les communes justiciables de la Cour des comptes, et au 31 mars pour les communes justiciables des conseils de préfecture.

Les instructions ministérielles du 10 avril 1835, en parlant de l'ordonnance du 1er mars, s'expriment ainsi (p. 120), au sujet de la clôture des exercices :

« En fixant de nouvelles époques de clôture, l'ordonnance « du 1er mars consacre, par cela même de nouveau et d'une « manière formelle, le principe de la séparation des exercices. « Ainsi, comme précédemment, les crédits ouverts par le « budget d'une année ne pourront être employés qu'à des dé« penses effectuées dans l'année même, c'est-à-dire du « 1er janvier au 31 décembre.

« Les mois de la seconde année ne sont accordés que pour « payer des dépenses faites et *non pour en faire de nouvelles.*

« Tout crédit alloué pour une dépense qui n'a pas été en-« treprise dans le cours de l'année est annulé de droit au « 31 décembre ; et si la dépense a été faite en partie, il n'y a « d'annulé que la portion de crédit qui excède le montant de « la dépense effectuée. »

L'instruction générale du 17 juin 1840, art. 701, s'appuyant sans doute sur ce que les crédits alloués au budget doivent être employés au payement de dépenses effectuées du 1er janvier au 31 décembre, fixe la durée de l'exercice à douze mois, c'est-à-dire du 1er janvier au 31 décembre ; elle ajoute qu'il est accordé, pour en compléter les opérations, un délai qui est fixé au 31 mars de la seconde année de l'exercice, et qu'à cette époque l'exercice est clos définitivement.

Par exemple, l'exercice de 1850 se trouvera définitivement clos le 31 mars 1851.

§ 3. — Des états des restes à payer et à recouvrer.

Les premières opérations qui suivent la clôture de l'exercice concernent le maire et le receveur municipal. Elles sont relatives à l'établissement des restes à payer et à recouvrer de l'exercice clos.

La circulaire du 1er juillet 1837 (p. 140) recommande d'éviter, autant que possible, les restes à recouvrer et les restes à payer après la clôture de l'exercice. Voici, à ce sujet, ce que dit cette circulaire :

« Il est aisé de comprendre combien il importe pour l'or-« dre et la clarté de la comptabilité que toutes les opérations « qui se rattachent à un exercice soient complétement ter-« minées dans l'espace de temps dont l'exercice se compose. »

Lorsque toutes les recettes et les dépenses n'ont pu être entièrement effectuées à la clôture de l'exercice, c'est-à-dire au 31 mars, le maire s'occupe, de concert avec le receveur municipal, de dresser immédiatement un état *des dépenses faites au 31 décembre de l'année précédente* et qui n'ont point été payées, soit parce que les entrepreneurs ou fournisseurs n'ont pas produit en temps utile les pièces nécessaires pour la liquidation de leurs créances, soit parce qu'ils n'ont pas réclamé, avant la clôture de l'exercice, le payement des mandats qui leur avaient été délivrés. (Circ., 10 avril 1835, p. 123; 15 juin 1836, p. 136.) (V. p. 65.)

Cet état, qu'on nomme état des restes à payer de l'exercice expiré, doit être certifié conforme aux écritures, tant par le maire que par le receveur municipal, sous leur garantie et leur responsabilité respectives.

L'état des restes à payer demeure entre les mains du comptable qui, provisoirement et jusqu'à ce que le budget supplémentaire soit approuvé, est autorisé à solder sur les fonds de sa caisse les sommes portées audit état, sans pouvoir les excéder. (Circ. du 10 avril 1835, p. 123.) — Comptabilité générale des finances, lettre du directeur, du 8 juillet 1848, au receveur central du département de la Seine.)

Un double de cet état est joint au compte administratif du maire, ainsi qu'un état des sommes restant à recouvrer de l'exercice expiré, qui est dressé dans la même forme. (Instr. gén., art. 712.—Circ. du 10 avril 1835, p. 123; circ. du 18 novembre 1845. (V. p. 66 et 156.)

On peut faire figurer sur l'état des restes à payer les sommes ou portions des sommes déjà reportées à la 1re section du chapitre 3 du budget supplémentaire; par exemple, les sommes appartenant à l'exercice 1849 reportées sur l'exercice de 1850 qui n'auraient point été payées à la fin de la clôture de ce dernier exercice.

Ce rappel sur l'état des restes à payer n'a lieu que pour mémoire seulement, attendu, comme il a été dit (p. 49), que les sommes déjà reportées d'un exercice sur l'autre ne peuvent plus revivre sur l'exercice qui suit qu'après qu'elles ont été allouées de nouveau par l'autorité compétente. (Instr. gén., art. 717 et 718.) (V. p. 116, 120 et 126.)

On fera observer que les restes à payer qui n'auraient pas été régulièrement constatés à la fin de l'exercice, et dont les crédits n'auraient pas été reportés nominativement au budget suivant, ne peuvent plus être acquittés qu'au moyen d'une autorisation nouvelle. (Circ., 10 avril 1835, p. 122.)

DÉPARTEMENT DE LA SEINE.	ARRONDISSEMENT DE	COMMUNE D

ÉTAT des RESTES A PAYER *de l'exercice clos de* (1850), *dressé en exécution de la circulaire du* 10 *avril* 1835.

N[os] DES ARTICLES DU BUDGET.	NATURE DES DÉPENSES.	MONTANT DES			RESTES à PAYER.	OBSERVATIONS.
		CRÉDITS alloués.	DÉPENSES faites au 31 décembre 1850.	SOMMES payées jusqu'au 31 mars 1851.		
	CHAPITRE 1er. DÉPENSES ORDINAIRES.					
28	Entretien de la maison commune	fr. 200	fr. 168	fr. 150	fr. 18	
35	Entretien des pompes à incendie	400	380	»	380	
37	Entretien des bâtiments communaux	400	395	300	95	
43	Dépense des aliénés pour 1850	600	600	»	600	
47	Entretien des caisses et armes	150	148	»	148	
50	Entretien d'équipement et d'habillement	300	280	»	280	
70	Fête publique	400	375	300	75	
	CHAPITRE 2. DÉPENSES EXTRAORDINAIRES.					
	Néant.					
	CHAPITRE 3. DÉPENSES SUPPLÉMENTAIRES.					
83	Achat de cailloux	900	900	»	900	
88	Pavage du chemin vicinal de	4,000	4,000	2,000	2,000	
92	Travaux de menuiserie à la mairie	400	400	»	400	
93	Habillement des sergents de ville	600	580	400	180	
94	Établissement d'un bureau d'octroi	1,000	1,000	»	1,000	
	TOTAUX	9,350	9,226	3,150	6,076	

Arrêté à la somme de le présent État des Restes à payer en (1851), par rappel de (1850), et certifié par le Maire et le comptable d

Fait à , le 185 .

Le Maire, *Le* *Comptable,*

DÉPARTEMENT DE LA SEINE.	ARRONDISSEMENT DE	COMMUNE D

ÉTAT des Restes a recouvrer *de l'exercice clos de* (1830), *dressé en exécution de la circulaire des* 10 *avril* 1833 *et* 18 *novembre* 1843.

Nos DES ARTICLES DU BUDGET.	NATURE DES RECETTES.	MONTANT DES SOMMES à recouvrer. d'après le budget.	d'après les titres justificatifs.	SOMMES recouvrées.	RESTES à RECOUVRER.	OBSERVATIONS.
	CHAPITRE 1er. RECETTES ORDINAIRES.					
18	Produit de l'enlèvement des boues	fr. 400	fr. 400	fr. 350	fr. 50	
	CHAPITRE 2. RECETTES EXTRAORDINAIRES.					
30	Souscriptions volontaires pour le pavage de la rue	1,500	1,500	1,200	300	A admettre en non-valeur.
	CHAPITRE 3. RECETTES SUPPLÉMENTAIRES.					
36	Souscription pour le pavage du chemin de ..	1,000	1,000	»	1,000	
	Totaux......	2,900	2,900	1,550	1,350	

Arrêté à la somme de le présent État des Restes à recouvrer en (1831), par rappel de (1830), et certifié par le Maire et le comptable d

Fait à , le 183 .

Le Maire, *Le* *Comptable*

Lorsque ce travail est terminé, le maire et le receveur municipal s'occupent, chacun de leur côté, d'établir leur compte d'exercice, dans lequel sont consignées toutes les opérations financières de l'exercice clos. (Circ. des 10 avril 1835, p. 123, — 15 juin 1836, p. 135.)

CHAPITRE VI.

DES OPÉRATIONS DU MAIRE, DU COMPTE ADMINISTRATIF, DES NON-VALEURS ET DES EXCÉDANTS DE DÉPENSES.

Des opérations du maire. — Etablissement du compte administratif. — Des recettes. — Des non-valeurs. — Des dépenses. — Des excédants de dépenses. — Des formalités à remplir après l'établissement du compte administratif.

§ 1er. — Du compte administratif. — Son établissement (V. p. 71).

La formation du compte qui doit être rendu par le maire a été prescrite par toute la législation antérieure.

On lit dans la circulaire du ministre de l'intérieur du mois de septembre 1824 :

« L'obligation de rendre compte, imposée à l'ordonnateur « et au comptable, est de tous les temps : elle résulte plus « particulièrement des lois des 1er décembre 1798 et 17 fé- « vrier 1800, de l'arrêté du gouvernement du 23 juillet 1802, « des instructions du 24 du même mois, du 5 avril 1803 et « de l'ordonnance du 28 janvier 1815.

« La reddition des comptes des communes a été souvent « négligée; et cependant, il est aisé de voir que non-seule- « ment ce n'est point une vaine formalité, mais qu'il est peu « d'obligations dont l'accomplissement importe davantage, « dans l'intérêt des communes et dans l'intérêt des ordonna- « teurs eux-mêmes.

« Dans l'intérêt des communes, parce qu'on ne peut suffi « samment juger que par l'examen de ces comptes si elles « ont été bien ou mal administrées, si elles l'ont été avec « économie, avec discernement, avec exactitude; parce que « cet examen donne les indications dont on a besoin pour « faire cesser les négligences, les abus, et pour procurer des « améliorations.

« Dans l'intérêt des ordonnateurs, parce qu'il importe à « leur propre satisfaction, au désir qu'ils doivent avoir d'ob- « tenir, en échange de leurs soins et de leurs peines, l'estime « et la reconnaissance de leurs concitoyens, qu'il leur im- « porte, disons-nous, de démontrer qu'ils ont bien adminis- « tré; de justifier par cette épreuve celles de leurs opérations « qui ont été ou qui pourraient être critiquées; et plus encore « parce qu'étant responsables de leurs actes, ils ne peuvent « être déchargés de cette responsabilité que par l'approba- « tion de leurs comptes. »

Le compte administratif doit concorder avec le budget. (Circ. du 1er juillet 1837, p. 138.) (V. p. 48 et 69.) C'est pour cela que le modèle donné par la circulaire du 2 novembre 1839, représente dans le même ordre et par colonnes distinctes, en recette comme en dépense, toutes les opérations de l'exercice résultant des prévisions du budget et des autorisations supplémentaires, savoir :

1° En recettes :

1. La désignation de la nature de la recette;
2. La somme admise par le budget;
3. La fixation définitive de la somme à recouvrer d'après les titres justificatifs;
4. Les sommes recouvrées;
5. Et les sommes restant à recouvrer;

2° En dépenses :

1. La désignation des articles de dépenses admises par le budget;
2. Le montant des crédits alloués;
3. Les droits constatés, c'est-à-dire le chiffre des dépenses effectuées au 31 décembre;
4. Le montant des sommes payées;
5. Le montant des sommes restant à payer;
6. Enfin, les crédits ou portions de crédits à annuler faute d'emploi en temps utile.

Le modèle de compte prescrit par la circulaire du 2 novembre 1839 a été modifié par une autre circulaire du 21 octobre 1847, en ce qui concerne les articles de dépenses.

D'après le premier modèle, on inscrivait au compte, et dans le même ordre que les articles du budget primitif et du budget supplémentaire, ces mêmes articles ainsi que les crédits ouverts par des arrêtés spéciaux, et l'on mettait en regard de chacun d'eux le chiffre des sommes allouées, celui de la dépense effectuée, de la somme payée, de celle restant à payer, enfin le chiffre, s'il y avait lieu, de la somme à annuler.

Il résultait, de cet état des choses, des inconvénients que la circulaire du ministre des finances du 2 octobre 1847 a eu pour objet de faire cesser.

Cette circulaire s'exprime ainsi :

« Une circulaire du ministère de l'intérieur, en date du « 2 novembre 1839, a supprimé la colonne des autorisations « supplémentaires dans les comptes de gestion des receveurs « municipaux, afin d'établir plus de conformité entre ces « comptes et les budgets. Pour tenir lieu de la colonne sup- « primée, au moyen de laquelle les sommes allouées *en aug-* « *mentation des crédits primitifs* étaient portées en regard de « ces crédits, la même circulaire a prescrit la formation d'un « état destiné à rapprocher des crédits primitifs les sommes « allouées supplémentairement ou imputées sur le crédit des « dépenses imprévues. Mais, des réclamations s'étant élevées « contre ces changements, qui rendaient plus difficiles les « vérifications des comptes, en ce que des crédits, se rap- « portant à une seule et même dépense, y figuraient séparé- « ment et dans des parties différentes, il a été convenu, de « concert entre les deux ministères de l'intérieur et des fi- « nances, qu'on reviendrait à l'ancien ordre de choses, tout « en respectant le principe qui veut que la forme des comptes « concorde avec celle des budgets.

« En conséquence, les dispositions suivantes ont été ar- « rêtées :

« La colonne des crédits supplémentaires sera rétablie, tant « dans le compte de gestion que dans le *compte administratif* « *et l'état de situation de l'exercice clos*.

« Le budget supplémentaire continuera d'être intégralement « transcrit dans les comptes ; seulement, les sommes allouées « en *augmentation des crédits primitifs seront placées en re-* « *gard de ces crédits*, à l'aide de renvois indicatifs, ainsi « qu'on le voit par le modèle ci-joint, sous le n° 2. (V. p. 75.)

« Quant aux imputations qui seraient faites sur le crédit « des dépenses imprévues, conformément aux circulaires

« du ministère de l'intérieur des 20 avril 1834 et 15 juin 1836, « comme elles n'ont lieu que rarement et pour des sommes « modiques, il sera facile, soit dans la colonne d'observa- « tions, soit par des notes jointes aux pièces justificatives, de « donner tous les renseignements nécessaires, en suivant, à « cet égard, une marche analogue à celle qui est tracée par « la dernière des circulaires précitées et par le modèle n° 143 « de l'instruction générale pour les dépenses divisées en plu- « sieurs articles. » (V. p. 78, n° 59.)

L'adjonction ou le rétablissement de la nouvelle colonne n'a pour but que de retirer, du chapitre 3 des dépenses, les sommes qui se rapportent comme complément de dépenses aux articles du budget primitif et de les rattacher à ces articles. (V. p. 81, n°s 82, 89, 91, 95 et 97.)

Dans le cas où le crédit aurait été ouvert pour la première fois au budget supplémentaire, et complété par un crédit additionnel, ces crédits figurant tous deux dans le chapitre 3, il y aurait lieu de porter en regard du crédit primitif celui qui a été ouvert postérieurement. (V. p. 82, n° 98.)

Ce système ne change rien au résultat général du compte. Il facilite les recherches en ramenant sur l'article de dépense toutes les sommes éparses qui s'y rapportent.

Pour bien faire comprendre l'opération, nous donnons ci-après un modèle de compte établi, pour exemple, sur les modèles de budgets dont il est parlé dans la première partie de notre travail; nous indiquerons ensuite comment il devra être procédé pour remplir chaque colonne en particulier, tant en recette qu'en dépense.

DÉPARTEMENT DE LA SEINE.	ARRONDISSEMENT DE	COMMUNE d

COMPTE ADMINISTRATIF *que présente au Conseil municipal le maire de la commune d pour les Recettes et Dépenses faites pendant l'exercice* (1850).

TITRE I. — RECETTES.

N°s DES ARTICLES du budget.	NATURE DES RECETTES.	SOMMES à recouvrer d'après le budget.	FIXATION définitive d'après les titres justificatifs.	RECETTES effectuées.	RESTES à recouvrer	OBSERVATIONS du maire ordonnateur, explications et développements formant la partie morale du compte.
1	2	3	4	5	6	7
	CHAPITRE 1er. RECETTES ORDINAIRES.					
1	Cinq centimes additionnels ordinaires	2,775	2,780	2,780	»	
2	Attributions sur les patentes de l'année	2,060	2,065	2,065	»	
3	Idem sur les amendes de police municipale et rurale	150	200	200	»	
4	Idem sur les amendes de grande voirie	100	75	75	»	
5	Idem dans la moitié partageable du produit net de l'octroi de banlieue	4,800	4,908	4,908	»	
6	Droits d'octroi, produit brut	24,000	26,090	26,090	»	
7	Produit des amendes d'octroi	100	270	270	»	
8	Droit de location de places aux halles, foires, marchés et abattoirs	1,800	1,950	1,950	»	
9	Idem de permis de stationnement sur la voie publique, ou sur la Seine	950	800	800	»	
	Idem de pesage, mesurage, jaugeage, etc.	»	»	»	»	
10	Vaine-pâture, prix de location	1,000	1,000	1,000	»	
11	Maisons communales, *idem*	500	500	500	»	
12	Terrains communaux, *idem*	300	300	300	»	
13	Rentes sur l'Etat	800	800	800	»	
14	Rentes sur particuliers	250	250	250	»	
15	Intérêts de capitaux placés	»	»	»	»	
16	Produit de concessions de terrains dans les cimetières	2,000	1,800	1,800	»	
	A reporter	41,585	43,788	43,788	»	
				43,788		

SUITE DU TITRE I. — RECETTES.

Nos DES ARTICLES du budget.	NATURE DES RECETTES.	SOMMES à recouvrer d'après le budget.	FIXATION définitive d'après les titres justificatifs.	RECETTES effectuées.	RESTES à recouvrer	OBSERVATIONS du maire ordonnateur, explications et développements formant la partie morale du compte.
1	2	3	4	5	6	7
	Report..........	41,585	43,788	43,788	43,788	
	Produit de concessions d'eau....	»	»	»	»	
17	Idem du lavoir................	150	180	180	»	
18	Idem de l'enlèvement des boues.	400	400	350	50	
19	Idem d'expédition d'actes de l'état civil et d'actes administratifs...	125	140	140	»	
20	Idem d'indemnités pour enrôlements volontaires............	40	55	55	»	
21	Intérêts de fonds communaux placés au Trésor................	500	1,208	1,208	»	
	Produit des impositions autorisées par le gouvernement, pour dépenses facultatives...........	»	»	»	»	
	Produit des impositions extraordinaires (spéciales) pour dépenses obligatoires autorisées par le préfet :					
	1° Pour insuffisance des revenus ordinaires..................	»	»	»	»	
22	2° Pour salaire des gardes champêtres......................	600	603	603	»	
23	3° Pour l'entretien des chemins vicinaux ordinaires..........	5,045	5,058	5,058	»	
	4° Pour l'entretien des chemins de grande communication.....	»	»	»	»	
24	5° Pour l'instruction primaire...	1,010	1,014	1,014	»	
	Subside départemental pour l'instruction primaire............	»	»	»	»	
25	Évaluation en argent des prestations en nature...............	3,010	3,010	3,010	»	
	Rétributions mensuelles.........	»	»	»	»	
26	Trois centimes imputables aux frais de perception des impositions communales............	890	892	892	»	
	TOTAL des recettes ordinaires.	53,355	56,348	56,298	50	
				56,348		

SUITE DU TITRE I. — RECETTES.

Nos DES ARTICLES du budget.	NATURE DES RECETTES.	SOMMES à recouvrer d'après le budget.	FIXATION définitive d'après les titres justificatifs.	RECETTES effectuées.	RESTES à recouvrer	OBSERVATIONS du maire ordonnateur, explications et développements formant la partie morale du compte.
1	2	3	4	5	6	7
	CHAPITRE II. RECETTES EXTRAORDINAIRES.					
27	Produit de l'imposition extraordinaire autorisée par décret du .... et relative à la réparation de l'église...............	10,085	10,102	10,102	»	
28	Idem de celle autorisée par décret du .... et relative au remboursement de l'emprunt contracté pour	10,085	10,102	10,102	»	
	Aliénation d'immeubles.........	»	»	»	»	
	Idem de rentes ou capitaux......	»	»	»	»	
	Emprunts.....................	»	»	»	»	
29	Subventions pour la construction des écoles..................	4,000	4,000	4,000	»	
	Legs..........................	»	»	»	»	
	Donations	»	»	»	»	
30	Souscriptions volontaires destinées au pavage de la rue de...	1,500	1,500	1,200	300	
	Recettes accidentelles..........	»	»	»	»	
	TOTAL des recettes extraordin.	25,670	25,704	25,404	300	
				25,704		

SUITE DU TITRE I. — RECETTES.

Nos DES ARTICLES du budget.	NATURE DES RECETTES.	SOMMES à recouvrer d'après le budget.	FIXATION définitive d'après les titres justificatifs.	RECETTES effectuées.	RESTES à recouvrer	OBSERVATIONS du maire ordonnateur, explications et développements formant la partie morale du compte.
1	2	3	4	5	6	7
	CHAPITRE III. RECETTES SUPPLÉMENTAIRES.					
	SECTION 1re. *Reports.*					
31	Excédant de l'exercice précédent (1849)	20,958	20,958	20,958	»	
	Restes à recouvrer du même exercice, savoir :					
32	Subvention pour l'église	3,000	3,000	3,000	»	
33	Souscriptions pr le chemin de....	500	»	»	»	Cette omme a été admise en non-valeur par arrêté du préfet du 15 juin 1848.
34	Vente de matériaux provenant de l'ancienne mairie	4,000	4,000	4,000	»	
	SECTION 2. *Recettes non désignées au budget,* Savoir :					
35	Subvention sur l'octroi de banlieue pour les écoles	6,000	6,000	6,000	»	
36	Souscriptions pour le pavage du chemin de	1,000	1,000	»	1,000	
37	Donation pour les écoles	800	800	800	»	
38	Subventions pour la classe d'adultes	150	150	150	»	
	TOTAL des recettes supplémentair.	36,408	35,908	34,908	1,000	
				35,908		

RÉCAPITULATION.

Recettes ordinaires	53,355	56,348	56,298	50
— extraordinaires	25,670	25,704	25,404	300
— supplémentaires	36,408	35,908	34,908	1,000
TOTAL GÉNÉRAL des recettes..	115,433	117,960	116,610	1,350
			117,960	

TITRE II. — DÉPENSES.

Nos DES ARTICLES du budget.	NATURE DES DÉPENSES.	CRÉDITS ouverts par le budget primitif.	CRÉDITS ouverts par des autorisations supplémentaires.	DROITS CONSTATÉS au 31 décembre 1850.	SOMMES PAYÉES.	CRÉDITS OU PORTIONS de crédits réservés pr restes à payer à reporter sur l'exerc. 1851.	CRÉDITS OU PORTIONS de crédits annulés faute d'emploi au 31 décemb. 1850.	OBSERVATIONS du maire ordonnateur, explications et développements formant la partie morale du compte.
1	2	3	4	5	6	7	8	9
	CHAPITRE Ier. DÉPENSES ORDINAIRES.							
	Administration communale. § 1er.							
1	Traitement du secrétaire et des autres employés de la mairie	3,200	»	3,200	3,200	»	»	
2	Frais de bureau de la mairie.	400	»	320	320	»	20	
3	Gages du garçon de bureau..	500	»	500	500	»	»	
4	Gages du concierge	200	»	200	200	»	»	
5	Abonnem au *Bulletin des lois*	6	»	6	6	»	»	
6	Frais des registres de l'état civil	480	»	480	480	»	»	
7	Impressions à la charge des communes	10	»	10	10	»	»	
8	Confection et renouvellement des matrices générales	60	»	48	48	»	12	
9	Timbre des comptes et registres de la comptabilité communale	20	»	18	18	»	2	
10	Timbre des mandats de payement délivrés pour le compte de la commune	30	»	25	25	»	5	
11	Remises du recev. municipal	1,500	548	2,048	2,048	»	»	V. n° 89.
12	Remises au receveur central.	20	»	19	19	»	1	
13	Traitement du commissaire de police	1,800	»	1,800	1,800	»	»	
14	Idem de son secrétaire	1,000	»	1,000	1,000	»	»	
15	Traitement des appariteurs ou agents de police	1,200	»	1,200	1,200	»	»	
16	Salaire des gardes champêtres	600	»	600	600	»	»	
17	Frais de prestation de serment des messiers	20	»	12	12	»	8	
18	Salaire du tambour-afficheur.	150	»	150	150	»	»	
19	Salaire du gardien du cimetière	200	»	200	200	»	»	
	A reporter	11,396	548	11,836	11,836	»	108	
		11,944						

SUITE DU TITRE II. — DÉPENSES.

Nos DES ARTICLES du budget.	NATURE DES DÉPENSES.	CRÉDITS ouverts		DROITS CONSTATÉS au 31 décembre 1850.	SOMMES PAYÉES.	CRÉDITS OU PORTIONS de crédits		OBSERVATIONS du maire ordonnateur, explications et développements formant la partie morale du compte.
		par le budget primitif.	par des autorisations supplémentaires.			réservés pr restes à payer à reporter sur l'exerc. 1851.	annulés faute d'emploi au 31 décemb. 1850.	
1	2	3	4	5	6	7	8	9
	Report........	11,396	548	11,836	11,836	»	108	
20	Frais de constatation des décès........................	400	»	400	400	»	»	
21	Frais de perception de l'octroi.	1,260	»	1,260	1,260	»	»	
22	Frais d'impressions pour le service de l'octroi.........	100	»	100	100	»	»	
23	Dixième revenant au Trésor..	2,265	»	2,265	2,265	»	»	
24	Moitié des amendes revenant aux employés de l'octroi..	50	50	100	100	»	»	V. n° 95.
25	Frais de perception dans les halles, foires, marchés et abattoirs.................	180	»	180	180	»	»	
26	*Idem* du droit de stationnement sur la voie publique ou sur la Seine...........	95	»	80	80	»	15	
	§ 2. — *Dépenses diverses.*							
27	Contribution des biens communaux..................	20	»	18	18	»	2	
	Loyer de la maison commune.	»	»	»	»	»	»	
28	Entretien de idem..........	200	»	168	150	18	32	
29	Montage de l'horloge........	50	»	50	50	»	»	
30	Entretien de idem..........	20	»	»	»	»	20	
	Entretien des halles et marchés..........................	»	»	»	»	»	»	
31	Entretien des lavoirs, abreuvoirs, fontaines, puits et mares....................	150	300	410	410	»	40	V. n° 82.
32	Entretien du pavé des rues..	1,000	»	1,000	1,000	»	»	
33	Entretien des ponts communaux....................	100	»	60	60	»	40	
34	Entretien des promenades publiques et des plantations communales.............	150	»	»	»	»	150	
35	Entretien des pompes à incendie et accessoires......	400	»	380	»	380	20	
36	Entretien du cimetière......	100	»	90	90	»	10	
37	Entretien des bâtiments communaux.................	400	»	395	300	95	5	
	A reporter..	18,336	898	18,792	18,799	493	442	
		19,234			18,792			

SUITE DU TITRE II. — DÉPENSES.

N^os DES ARTICLES du budget.	NATURE DES DÉPENSES.	CRÉDITS ouverts par le budget primitif	CRÉDITS ouverts par des autorisations supplémentaires.	DROITS CONSTATÉS au 31 décembre 1850.	SOMMES PAYÉES.	CRÉDITS OU PORTIONS de crédits réservés p^r restes à payer à reporter sur l'exerc. 1851.	CRÉDITS OU PORTIONS de crédits annulés faute d'emploi au 31 décemb. 1850	OBSERVATIONS du maire ordonnateur, explications et développements formant la partie morale du compte.
1	2	3	4	5	6	7	8	9
	Report.........	18,336	898	18,792	18,209	493	442	
38	Assurance des propriétés communales contre l'incendie..	35	»	35	35	»	»	
39	Eclairage.	6,000	»	6,000	6,000	»	»	
	Enlèvement des boues et balayage....................	»	»	»	»	»	»	
	Entretien des chemins vicinaux ordinaires...........	»	»	»	»	»	»	
	Entretien des chemins de grande communication....	»	»	»	»	»	»	
40	Salaire des cantonniers.....	600	»	600	600	»	»	
41	Curage des rus, rivières et aqueducs................	50	»	50	50	»	»	
42	Frais d'actes d'enrôlements volontaires...............	40	»	40	40	»	»	
43	Aliénés.....................	600	»	600	»	600	»	
44	Enfants trouvés............	460	»	460	460	»	»	
	§ 3. — *Rentes et Pensions.*							
	Rentes dues à des établissements....................	»	»	»	»	»	»	
	Rentes dues à des particuliers.	»	»	»	»	»	»	
	Pensions de retraite.........	»	»	»	»	»	»	
	§ 4. — *Garde nationale.*							
45	Loyer et entretien des corps de garde..................	200	»	200	200	»	»	
46	Chauffage et éclairage.......	350	»	300	300	»	50	
47	Entretien des caisses et des armes....................	150	»	148	»	148	2	
48	Frais de registres, papier, contrôle, billets de garde..	150	»	150	150	»	»	
	Contingent de la commune dans la dépense du jury de révision..................	»	»	»	»	»	»	
	Contingent de la commune dans la dépense du bataillon cantonal.............	»	»	»	»	»	»	
	A reporter.....	26,971	898	27,375	26,134	1,241	494	
		27,869			27,375			

SUITE DU TITRE II. — DÉPENSES.

N^os DES ARTICLES du budget.	NATURE DES DÉPENSES.	CRÉDITS ouverts par le budget primitif.	CRÉDITS ouverts par des autorisations supplémentaires.	DROITS CONSTATÉS au 31 décembre 1850.	SOMMES PAYÉES.	CRÉDITS OU PORTIONS de crédits réservés p^r restes à payer à reporter sur l'exerc. 1851.	CRÉDITS OU PORTIONS de crédits annulés faute d'emploi au 31 décemb. 1850.	OBSERVATIONS du maire ordonnateur, explications et développements formant la partie morale du compte.
1	2	3	4	5	6	7	8	9
	Report........	26,971	898	27,375	26,134	1,241	494	
49	Solde des tambours de la garde nationale..............	2,000	»	2,000	2,000	»	»	
50	Entretien d'habillement et d'équipement............	300	»	280	»	280	20	
	Dépenses collectives du bataillon cantonal.............	»	»	»	»	»	»	
51	Frais d'instruction des sapeurs pompiers................	200	»	200	200	»	»	
	§ 5. — *Bureau de charité.*							
	Secours accordés au bureau de charité................	»	»	»	»	»	»	
52	Atelier de charité..........	1,800	»	1,800	1,800	»	»	
	§ 6. — *Instruction primaire.*							
53	Location des maisons d'école.	1,200	»	1,200	1,200	»	»	
	Entretien des maisons d'école.	»	»	»	»	»	»	
54	Entretien du mobilier.......	400	»	360	360	»	40	
55	Instituteurs. { Indemnité de logement...	»	»	»	»	»	»	
	Instituteurs. { Traitement...	1,000	»	1,000	1,000	»	»	
56	Institutrices. { Indemnité de logement...	»	»	»	»	»	»	
	Institutrices. { Traitement...	800	»	800	800	»	»	
	Rétributions mensuelles.....	»	»	»	»	»	»	
57	Achat et distribution de livres, de récompenses et d'encouragements aux élèves.....	200	»	200	200	»	»	
58	Entretien de la salle d'asile.	100	»	100	100	»	»	
59	Entretien du mobilier.......	100	»	100	100	»	»	20 fr. ont été prélevés sur le fonds des dépenses imprévues. V. n° 71.
60	Traitement de la directrice de la salle d'asile.........	800	»	800	800	»	»	
61	Chauffage des écoles, salles d'asile...................	100	»	90	90	»	10	
62	Dépenses à faire par le comité supérieur dans l'intérêt des écoles...................	25	»	25	25	»	»	
	A reporter......	35,996	898	36,330	34,809	1,521	564	
		36,894			36,330			

SUITE DU TITRE II. — DÉPENSES.

N^os DES ARTICLES du budget.	NATURE DES DÉPENSES.	CRÉDITS ouverts par le budget primitif.	CRÉDITS ouverts par des autorisations supplémentaires.	DROITS CONSTATÉS au 31 décembre 1850.	SOMMES PAYÉES.	CRÉDITS OU PORTIONS de crédits réservés p^r restes à payer à reporter sur l'exerc. 1851.	CRÉDITS OU PORTIONS de crédits annulés faute d'emploi au 31 décemb. 1850.	OBSERVATIONS du maire ordonnateur, explications et développements formant la partie morale du compte.
1	2	3	4	5	6	7	8	9
	Report.........	35,996	898	36,330	34,809	1,521	564	
	Indemnité à l'instituteur pour fréquentation de l'école normale primaire............	»	»	»	»	»	»	
	§ 7. — *Chemins vicinaux.*							
63	Application des centimes votés pour l'entretien des chemins vicinaux.................	5,045	»	5,045	5,045	»	»	
64	Application du produit des prestations rachetées en argent....................	3,010	»	3,000	3,000	»	10	
65	Frais de confection des rôles de prestations............	40	»	36	36	»	4	
	§ 8. — *Service de l'église.*							
	Indemnité de logement du curé ou desservant........	»	»	»	»	»	»	
66	Supplément de traitement...	200	»	200	200	»	»	
67	Traitement du vicaire.......	300	»	300	300	»	»	
	Secours à la fabrique.......	»	»	»	»	»	»	
	Entretien de l'église.........	»	»	»	»	»	»	
68	Entretien du presbytère.....	100	»	100	100	»	»	
	Achat et entretien d'objets relatifs au culte...........	»	»	»	»	»	»	
	§ 9. — *Frais de perception des impositions communales.*							
69	....	890	»	889	889	»	1	
	§ 10.							
70	Fêtes publiques.............	400	»	375	300	75	25	
71	Dépenses imprévues.........	800	»	510	510	»	290	
	TOTAL des dépenses ordinair.	46,781	898	46,785	45,189	1,596	894	
		47,679			46,785			

SUITE DU TITRE II. — DÉPENSES.

N°s DES ARTICLES du budget.	NATURE DES DÉPENSES.	CRÉDITS ouverts par le budget primitif.	par des autorisations supplémentaires.	DROITS CONSTATÉS au 31 décembre 1850.	SOMMES PAYÉES.	CRÉDITS OU PORTIONS de crédits réservés p[r] restes à payer à reporter sur l'exerc. 1851.	annulés faute d'emploi au 31 décemb. 1850.	OBSERVATIONS du maire observateur, explications et développements formant la partie morale du compte.
1	2	3	4	5	6	7	8	9
	CHAPITRE II. DÉPENSES EXTRAORDINAIR[es]							
	§ 1er.							
72	Intérêts d'emprunts.........	500	10	510	510	»	»	V. n° 97.
	Acquisition de rentes et remploi de capitaux..........	»	»	»	»	»	»	
	§ 2. — *Acquisition et échange d'immeubles.*							
73	Acquisition du terrain des écoles, solde............	10,000	»	10,000	10,000	»	»	
	§ 3. — *Constructions et grosses réparations.*							
74	Réparation de l'église.......	10,000	»	10,000	10,000	»	»	1er à-compte.
	§ 4. — *Pavage et assainissement des rues.*							
75	Pavage de la rue..... emploi des subventions..........	1,500	»	1,500	1,500	»	»	
	§ 5.							
	Travaux extraordinaires concernant :							
	1° Les chemins vicinaux ordinaires....................	»	»	»	»	»	»	
	2° Les chemins de grande communication...........	»	»	»	»	»	»	
	TOTAL des dépenses extraordi.	22,000	10	22,010	22,010	»	»	
	CHAPITRE III. DÉPENSES SUPPLÉMENTAIRES.							
	SECTION 1re.							
	Report des crédits annulés pour dépenses non payées au 31 mars (1849), savoir :							
76	Dépenses des enfants trouvés pour (1849)...............	320	»	320	320	»	»	
	A reporter.....	320	»	320	320	»	»	

SUITE DU TITRE II. — DÉPENSES.

du budget.	NATURE DES DÉPENSES.	CRÉDITS ouverts par le budget primitif.	CRÉDITS ouverts par des autorisations supplémentaires.	DROITS CONSTATÉS au 31 décembre 1850.	SOMMES PAYÉES.	CRÉDITS OU PORTIONS de crédits réservés pr restes à payer à reporter sur l'exerc. 1851.	CRÉDITS OU PORTIONS de crédits annulés faute d'emploi au 31 decemb. 1850	OBSERVATIONS du maire ordonnateur, explications et développements formant la partie morale du compte.
1	2	3	4	5	6	7	8	9
	Report..........	320	»	320	320	»	»	
7	Construction d'un égout.....	1,000	»	»	»	»	1,000	Ces deux crédits sont à renouveler, les sommes étant dues.
8	Fourniture d'une horloge....	500	»	500	500	»	»	
9	Habillement des tambours...	350	»	350	350	»	»	
0	Pavage de la rue.... solde..	1,080	»	680	680	»	400	(Ces deux crédits : Construction d'un égout et Pavage de la rue)
	SECTION 2. *Crédits réservés.*							
b.	Réparation des chemins vicinaux, emploi des 5 c. restant en caisse............	1,000	»	1,000	1,000	»	»	
	§ 1er. — *Crédits ouverts par des arrêtés spéciaux depuis le règlement du budget de* (1850).							
1	Achat d'un drapeau.........	100	»	100	100	»	»	Arr. administratif du 15 févr. 1850.
2	Réparation de la fontaine...	V. n° 31.	»	»	»	»	»	Idem du 10 mars.
3	Achat de cailloux...........	600	300	900	»	900	»	Idem du 15 idem. V. n° 98.
4	Indemnité à un porteur d'eau pour incendie............	30	»	30	30	»	»	Idem du 1er avril.
	§ 2. — *Crédits de* (1848) *renouvelés*							
	Fourniture de pavés pour le chemin de	1,000	»	1,000	1,000	»	»	
	Clôture du cimetière... solde.	2,000	1,200	3,200	3,200	»	»	
	§ 3. — *Dépenses non allouées au budget primitif de* (1850).							
	Emploi de la subvention pour la classe d'adultes.........	150	»	150	150	»	»	
	Pavage du chemin vicinal de.	4,000	»	4,000	2,000	2,000	»	
	Remises du receveur municipal, complément..........	V. n° 11.	»	»	»	»	»	
	Frais d'instance dans le procès de	300	»	300	300	»	»	
	Clôture du cimetière, travaux supplémentaires...........	V. n° 86.	»	»	»	»	»	
	Travaux de menuiserie dans la mairie.................	400	»	400	»	400	»	
	Habillement des sergents de ville....................	600	»	580	400	180	20	
	A reporter.......	13,430	1,500	13,510	10,030	3,480	1,420	

SUITE DU TITRE II. — DÉPENSES.

Nos DES ARTICLES du budget.	NATURE DES DÉPENSES.	CRÉDITS ouverts par le budget primitif.	CRÉDITS ouverts par les autorisations supplémentaires.	DROITS CONSTATÉS au 31 décembre 1850.	SOMMES PAYÉES.	CRÉDITS OU PORTIONS de crédits réservés pr restes à payer à reporter sur l'exerc. 1851.	CRÉDITS OU PORTIONS de crédits annulés faute d'emploi au 31 décemb. 1850.	OBSERVATIONS du maire ordonnateur explications et développements formant la partie morale du compte.
1	2	3	4	5	6	7	8	9
	Report........	13,430	1,500	13,510	10,030	3,480	1,420	
	§ 4. — *Crédits ouverts par des arrêtés spéciaux depuis le règlement du budget supplémentaire.*							
94	Etabl. d'un bureau d'octroi..	1,000	»	1,000	»	1 000	»	Arr. administrati du 10 août 1850.
95	Amendes revenant aux employés de l'octroi, complém.	V. n° 21.	»	»	»	»	»	Idem du 5 sept.
96	Règlement de mémoires de travaux..................	40	»	40	40	»	»	Idem du 8 idem.
97	Intérêts d'emprunt, complém.	V. n° 72.	»	»	»	»	»	Idem du 10 nov.
98	Achat de cailloux...........	V. n° 83.	»	»	»	»	»	Idem du 30 idem.
	TOTAL des dépenses supplém.	14,470	1,500	14,550 * 1,420	10,070	4,480	1,420	* 8e colonne.
		15,970		15,970	14,550			
	RÉCAPITULATION.							
	Dépenses ordinaires........	46,781	898	46,785	45,189	1,596	894	
	— extraordinaires ...	22,000	10	22,010	22,010	»	»	
	— supplémentaires...	14,470	1,500	14,550	10,070	4,480	1,420	
	TOTAL général des dépenses.	83,251	2,408	83,345	77,269	6,076	2,314	
		85,659				8,390		
					83,345			
					85,659			

RÉSULTAT DES OPÉRATIONS DE L'EXERCICE 1850.

	OPÉRATIONS EFFECTUÉES.
RECETTES..	116,610
DÉPENSES..	77,639
Le reliquat de l'exercice 1850 est de.. à reporter au budget supplémentaire de 1851.	39,341

ARRÊTÉ et présenté à l'examen et à l'approbation du Conseil municipal, le présent Comp administratif, montant, savoir :

LA RECETTE à la somme totale de cent seize mille six cent dix francs;
LA DÉPENSE à celle de soixante-dix-sept mille deux cent soixante-neuf francs;
LE RELIQUAT FINAL à trente-huit mille trois cent quarante-un francs;
Et les CRÉDITS annulés à la somme aussi totale de huit mille trois cent quatre-vingt-dix fran résultant des deux dernières colonnes du Titre II de ce Compte .(Colonnes 7 et 8.)

Le Reliquat final est de.. 39,34
Les restes à recouvrer mentionnés dans la 6e colonne du titre des Recettes étant de... 1,35
Le total des sommes à porter au titre des Recettes supplémentaires de 1851 monte à... 40,69

Fait à le 1851. *Le Maire de la commune d* ,

§ 2. — Des recettes.

D'après la nomenclature du compte, les chapitres des recettes sont intitulés comme les chapitres des budgets :

1° Recettes ordinaires;
2° Recettes extraordinaires;
3° Recettes supplémentaires.

Ce dernier chapitre est divisé de même en deux sections, comprenant,

La première : l'excédant de l'exercice précédent et les restes à recouvrer du même exercice;

La seconde : les recettes non désignées au budget primitif ou les recettes nouvelles.

La première colonne du compte, comme le recommandent les instructions (V. 86 et 87), reproduit les numéros d'ordre des articles des budgets.

La deuxième colonne reproduit la nature de la recette dans le même ordre que celle du budget primitif et du budget supplémentaire; puis viennent les articles de la section 2 du chapitre 3 de ce dernier budget, et les recettes nouvelles et accidentelles qui n'ont point été prévues aux budgets.

La troisième colonne contient les prévisions ou les sommes à recouvrer d'après les budgets.

La quatrième colonne représente les sommes à recouvrer résultant des titres justificatifs de recettes.

Ces deux dernières colonnes, la 3e et la 4e, servent à établir la différence entre les prévisions des recettes portées dans les budgets et les recettes réelles à effectuer, exemple :

Les recettes, d'après les prévisions de nos modèles de budgets, devaient s'élever à 115,433 fr., savoir : (V. p. 74.)

Recettes ordinaires.........	53,355
Recettes extraordinaires.....	25,670
Recettes supplémentaires....	36,408
Somme égale....	115,433

Elles ont atteint le chiffre de 117,960 fr., ainsi que le constate la 4e colonne de notre modèle de compte.

La cinquième colonne des recettes indique le montant des sommes encaissées par le receveur municipal jusqu'au 31 mars de l'année suivante, et appartenant toutefois à l'exercice qui vient d'être clos (116,610 fr.).

La sixième colonne fait connaître les sommes restant à recouvrer sur ce même exercice et à la même époque : 31 mars (1,350 fr.).

De manière que les totaux réunis de la 5e colonne (116,610 fr.) et de la 6e colonne (1,350 fr.) présentent un chiffre égal au total de la 4e colonne (117,960 fr.).

Une concordance analogue doit régner dans les mêmes colonnes de tous les comptes administratifs, quel que soit le chiffre des produits.

La septième colonne est réservée, comme l'indique son titre, pour les observations du maire et pour les explications et développements formant la partie morale de son compte.

§ 3. — Des non-valeurs.

Le maire, en établissant le compte des recettes de l'exercice clos (1850), prend note des sommes qui n'ont pu être recouvrées par suite de l'insolvabilité des débiteurs ou pour toute autre cause, et il demande au receveur municipal les justifications qu'il est tenu de fournir pour expliquer les motifs des non-recouvrements. Ces justifications consistent dans la production de toutes les pièces établissant l'insolvabilité des débiteurs et l'impossibilité du recouvrement. (Inst. gén., art. 1316.)

Le maire fait délibérer le conseil municipal sur l'admission ou la non-admission des non-valeurs, conformément aux instructions ministérielles des 31 août 1842, p. 147, et 18 novembre 1845, p. 155 et 156.

La délibération du conseil municipal, ainsi que les pièces produites par le comptable pour justifier les non-recouvrements, sont adressées à l'autorité supérieure en même temps que les comptes et budgets.

Il y a cependant une distinction à faire entre les non-valeurs concernant les prestations pour la réparation et l'entretien des chemins vicinaux ordinaires, et les non-valeurs provenant de non-recouvrement de souscriptions volontaires consenties pour des travaux communaux, ou de locations de biens appartenant à la commune.

Pour les non-valeurs provenant des prestations, le receveur municipal dresse un état des cotes irrecouvrables, avec indication des causes qui s'opposent au recouvrement.

Cet état est soumis par le maire au conseil municipal, qui exprime son avis sur l'admission ou le rejet des non-valeurs proposées.

L'état des cotes irrecouvrables et la délibération du conseil municipal sont transmis par le sous-préfet au préfet pour être soumis au conseil de préfecture, à qui il appartient de donner au comptable la décharge des sommes admises en non-valeurs. (Circ. du directeur général des contributions directes du 6 novembre 1844.) (V. p. 161.)

En ce qui concerne les non-valeurs provenant de souscriptions volontaires, de location de biens communaux, etc., la proposition est soumise également au conseil municipal; et, en cas de vote affirmatif, la délibération est adressée, en double expédition, avec les pièces justificatives au préfet, qui statue, ou fait statuer par le ministre, en même temps qu'il est procédé à l'approbation du compte du maire et au règlement du budget supplémentaire.

Toutefois, encore bien qu'il puisse se faire que la non-valeur ait été admise par l'autorité supérieure, soit dans le courant de l'exercice, soit après la clôture, ce qui est plus régulier, cette admission n'emporte pas le droit de les effacer du compte; elles doivent figurer, quand même, dans les restes à recouvrer reportés au budget supplémentaire de l'exercice courant. Une annotation dans la colonne d'observations indique la date de l'admission en non-valeurs par l'autorité compétente. (V. p. 46 et 100.)

Les non-valeurs ne disparaissent du compte de la commune qu'à la fin de l'exercice sur lequel elles ont été reportées par exemple : des sommes irrecouvrables ont été constatées au compte de 1849; leur admission en non-valeurs a été prononcée par arrêté du préfet au moment où il a approuvé le compte de 1849. Ces sommes n'en ont pas moins été reportées au budget supplémentaire de 1850, dans la colonne des restes à recouvrer.

Le compte de 1850 a rappelé ces sommes dans la colonne intitulée : Sommes à recouvrer d'après le budget, mais il ne les reproduit plus dans les colonnes suivantes. Il indique seulement en regard de l'article de recette, dans la colonne d'observations, que la somme ou partie de la somme a été admise en non-valeurs, par arrêté du préfet du . . . . . (V. p. 74).

En résumé, les sommes admises en non-valeurs ne figurent plus au compte de l'exercice suivant que dans la troisième colonne intitulée : Sommes à recouvrer d'après le budget.

Comme on a pu le remarquer, cette colonne ne représente que les prévisions du budget. Toute l'opération réelle du compte se résume dans la quatrième colonne.

La cinquième et la sixième colonne servent à fournir la preuve de la régularité de l'opération.

Cependant si, après avoir été admises en non-valeurs, les sommes ou parties des sommes venaient à être recouvrées, la recette effectuée serait portée à l'article des recettes accidentelles du compte communal. (Circ. du 12 novembre 1841.)

§ 4. — Des dépenses.

Les chapitres du compte administratif, en ce qui concerne les dépenses, se divisent comme les chapitres des recettes conformément aux budgets :

En dépenses ordinaires;
En dépenses extraordinaires;
Et en dépenses supplémentaires.

La nomenclature des articles est aussi la même que celle des budgets.

Le troisième chapitre : Dépenses supplémentaires, se divise, comme le chapitre 3 des recettes, en deux sections.

La première section contient l'excédant de dépenses, s'il en existe, ou les dépenses restant à payer de l'exercice précédent.

La seconde section contient, s'il y a lieu, les crédits réservés, ou les autres crédits alloués par le budget supplémentaire et par les autorisations spéciales. (V. p. 136.)

La 1re colonne du compte des dépenses doit, comme la 1re colonne des recettes, reproduire, dans le même ordre, les numéros des articles des budgets.

Cette reproduction de numéros est nécessaire sur le compte moral du maire, sur les comptes de situation d'exercice et de gestion, et sur les pièces comptables.

Il est utile à cette occasion de rappeler une circulaire en date du 24 juillet 1846, par laquelle le ministre des finances recommande ce numérotage :

« Les instructions, dit cette circulaire, n'ont pas tracé de

« règle pour le numérotage des articles de comptes de gestion « des receveurs municipaux, d'où il résulte que ces comp- « tables ne suivent pas une marche uniforme; les uns offrent « une série spéciale de numéros à chaque section du compte, « les autres une série unique pour les trois parties dont il se « compose. C'est ce dernier mode qui devra être désormais « exclusivement adopté, comme offrant le plus de facilité, tant « pour le classement des pièces justificatives, que pour les « mentions qu'il y a souvent lieu de faire de ces numéros en « renvoyant d'un article à l'autre. Chaque pièce justificative, « tant de la recette que de la dépense, devra porter le numéro « de l'article auquel il s'attache. »

La nomenclature imprimée des articles du budget (chap. 1 et 2) étant reproduite dans la 2e *colonne* du compte, il n'y a plus qu'à inscrire dans cette deuxième colonne, et dans le même ordre, que les articles qui auraient été ajoutés à la main à la nomenclature du budget.

On inscrit dans chacune des sections du chapitre 3 du compte, en suivant exactement le même ordre, 1° tous les articles écrits à la main dans le budget supplémentaire, en rappelant le titre et le paragraphe sous lesquels ils ont été portés à ce budget.

2° Tous les articles de dépenses qui ont donné lieu à des ouvertures de crédits additionnels depuis le règlement du même budget, jusqu'à l'époque fixée pour la délivrance des mandats (15 mars). (Circ. du 1er juillet 1837, p. 138.)

On donne à chacun de ces derniers articles un numéro d'ordre, qui vient à la suite des numéros des autres articles du compte.

Ce mode de procéder résulte des instructions ministérielles, portant que tous les crédits additionnels autorisés, hors budget, pour des dépenses effectuées du 1er janvier au 31 décembre, doivent être rattachés au budget de l'année, et portés dans le compte de l'exercice au chapitre des dépenses supplémentaires, après la section du report des restes à payer. (Circ. du 15 juin 1836, p. 136.—Instr. gén.; art. 721.) (V. p. 55.)

Il importe de rappeler dans la colonne d'observations, en regard de chaque article de dépense, la date des arrêtés qui ont autorisé l'ouverture du crédit.

Les 3e et 4e *colonnes* du compte sont destinées à reproduire toutes les sommes allouées, tant par le budget que par des autorisations supplémentaires.

La 3e *colonne* comprend 1° toutes les sommes allouées par le budget primitif; 2° les crédits ouverts par le budget supplémentaire et par des autorisations spéciales, en tant que ces crédits ne peuvent se rattacher à un crédit primitif.

La 4e *colonne* comprend les crédits ouverts, tant au budget supplémentaire que par des autorisations spéciales, après le règlement de ce budget et qui se rapportent à des crédits primitifs dont ils sont le complément.

Le total réuni de ces deux colonnes forme nécessairement une somme égale au montant de tous les crédits ouverts dans l'année.

Nous dirons pour exemple que, d'après nos modèles de budgets, les dépenses allouées présentent un total de 84,259 fr., savoir :

Dépenses ordinaires (V. p. 13).........	46,781 fr.
Dépenses extraordinaires (V. p. 14)....	22,000 »
Dépenses supplémentaires (V. p. 48)....	15,478 »
Somme égale........	84,259 fr.
Les crédits ouverts après le règlement du budget supplémentaire se sont élevés à............................	1,400 »
Total des crédits alloués dans l'année...	85,659 fr.

Suivant notre modèle de compte, on voit que les dépenses ordinaires, portées à la 3e col., s'élèvent à (V. p. 79)	46,781 fr.
Les dépenses extraordinaires, à (V. p. 80.)...	22,000
Les dépenses supplémentaires, à (V. p. 82.)..	14,470
Ensemble.....	83,251

Il convient d'ajouter les sommes reportées dans la 4e colonne, en regard des crédits primitifs dont elles forment le complément, savoir : (V. p. 82.)

Dans le chap. 1er...............	898	2,408
Dans le chap. 2...............	10	
Dans le chap. 3...............	1,500	
Montant des crédits alloués dans l'année....		85,659 fr.

Toutes les fois qu'une somme est reportée en regard d'un article primitif, on indique dans la troisième colonne, où elle disparaît du compte, qu'elle a été reportée en regard du crédit portant le n° . . ., par les mots : Voir n° . . .

On reproduit ces mêmes mots : Voir n° . . ., dans la colonne d'observations, en regard de l'article de dépense où la somme a été reportée.

Ce rappel de numéros d'ordre facilite l'examen du compte et empêche qu'on ne perde la trace du crédit alloué.

Avant de remplir la 5ᵉ *colonne*, intitulée : droits constatés, le maire réunit les mémoires et factures, qu'il a dû se faire délivrer en double ou triple expédition, pour en conserver la trace dans les archives de la mairie ; il examine quel a été, en outre, le montant des travaux faits et celui des fournitures effectuées: car il peut arriver, ainsi que cela a été dit, que des entrepreneurs ou fournisseurs n'aient pas produit leurs mémoires. (V. p. 63 et 155.) Il s'assure du montant de la dépense faite au 31 décembre, payée ou non payée, et il l'inscrit dans la cinquième colonne, en regard de l'article auquel il se rapporte.

On fera observer, en effet, que les droits constatés ne sont pas, comme on a paru quelquefois le penser, des dépenses payées ; ils représentent le chiffre des travaux ou fournitures effectués, autrement dit des dépenses faites depuis le 1ᵉʳ janvier jusqu'au 31 décembre inclusivement, qu'elles aient été payées ou non payées au 31 mars de l'année suivante.

Le chiffre de la dépense faite peut être inférieur au crédit alloué ; il ne peut jamais l'excéder. (Instruct. gén., art. 722.) (V. p. 58.)

Si le crédit est resté sans emploi, on met des guillemets dans la 5ᵉ, 6ᵉ et 7ᵉ colonne, et on l'inscrit dans la 8ᵉ colonne, comme il sera dit ci-après.

La 6ᵉ *colonne* du compte représente les sommes payées. Le maire, avant de la remplir, s'assure que tous les mandats qu'il a délivrés et qu'il a inscrits sur son registre de mandats, ont été acquittés par le receveur municipal. Il porte dans cette colonne le montant des sommes ordonnancées qui ont été payées ; il prend note des sommes qui n'ont pas été payées pour les inscrire dans la 7ᵉ colonne.

La 7ᵉ *colonne* (crédits ou portions de crédits réservés pour restes à payer à reporter sur l'exercice suivant) est formée du montant de la différence qui existe entre le chiffre de la 5e colonne et celui de la 6e, c'est-à-dire entre le chiffre des travaux faits du 1er janvier au 31 décembre et les sommes payées sur ces travaux.

Les sommes portées dans cette colonne doivent être conformes à l'état des restes à payer, dressé par le maire et le receveur municipal, aussitôt après la clôture de l'exercice. (V. p. 65.) On fera toutefois remarquer que, dans le cas où des restes à payer appartenant à l'exercice antérieur, par exemple 1849, reportés sur l'exercice suivant 1850, n'auraient pas été payés au 31 mars 1851, il sera mentionné, dans la colonne d'observations du compte, que ces crédits ne peuvent plus être reportés en 1851, à moins d'une autorisation nouvelle sur une proposition qui ferait alors l'objet d'une demande de crédit dans la section 2 du budget supplémentaire de 1851, sous le titre de crédits de 1849 renouvelés. (V. p. 49, 58, 121 et 128.)

La 7e colonne, crédits ou portions de crédits formant les restes à payer, doit, d'après ce qui précède, représenter, par la réunion de son total avec le total de la colonne des sommes payées (6e colonne), un chiffre égal à celui de la dépense faite du 1er janvier au 31 décembre, indiqué dans la 5e colonne.

Cette concordance prouve l'exactitude de l'opération.

Exemple :

Les totaux des 6e et 7e colonnes de notre modèle de compte s'élèvent ensemble à (V. p. 82.)............ 83,345 fr., chiffre égal au total de la 5e colonne.

La 8e colonne du compte est destinée à recevoir les crédits ou portions de crédits annulés faute d'emploi et provenant de dépense non effectuée au 31 décembre.

Les sommes de cette colonne forment la différence qui existe entre les 3e et 4e colonnes, dépenses autorisées par le budget et par les autorisations supplémentaires, et la 5e colonne, droits constatés ou dépenses effectuées au 31 décembre.

Il en résulte que les totaux réunis de cette 8e colonne et de la 5e colonne doivent présenter un chiffre égal aux totaux réunis des 3e et 4e colonnes.

Exemple :

Le montant de notre 8e colonne est de......	2,314 fr.
Celui de la 5e colonne de.................	83,345
Ensemble.....	85,659

Le montant de la 3e colonne est de........	83,251
Celui de la 4e colonne de................	2,408
Somme égale.....	85,659

La 8e *colonne*, augmentée des totaux des 6e et 7e colonnes donne aussi un total égal à celui des 3e et 4e colonnes.

Exemple :

Le chiffre de la 8e colonne est de..........	2,314
Le chiffre de la 6e colonne est de..........	77,269
Celui de la 7e colonne est de.......	6,076
Chiffre égal......	85,659

La 9e *colonne* est destinée à recevoir les observations du maire.

On doit indiquer dans cette colonne, en regard des crédits qui ont été insuffisants pour le payement de la dépense, le montant de la somme prélevée sur le fonds des dépenses imprévues, si un prélèvement a eu lieu sur ce fonds. (V. p. 78 n° 59.)

D'après les exemples donnés, le compte fournit les résultats suivants :

Recettes effectuées (V. p. 74).............	116,610 fr.
Dépenses payées (V. p. 82)...............	77,269
Reliquat à porter au chapitre des recettes du budget supplémentaire (V. p. 82)...........	39,341

Les restes à recouvrer sur le même exercice et à reporter au même budget s'élèvent à 1,350 fr. (V. p. 74.)

Les crédits restés sans emploi à la clôture de l'exercice, ou n'ayant pas été employés en temps utile, et qui sont consignés dans les 7e et 8e colonnes du compte, présentent un chiffre total de 8,390 fr., et les sommes à reporter au budget de l'exercice courant s'élèvent à 6,076 fr. (V. p. 82.)

§ 5. — Des excédants de dépenses.

Les instructions ministérielles contenues dans les circulaires des 20 avril 1834, p. 113, 10 avril 1835, p. 126, et 1er juillet 1837, p. 138, ont prévu le cas où les dépenses de l'exercice clos excéderaient les recettes effectuées.

Ce cas s'est présenté pour quelques communes.

Il résulte des instructions précitées que l'excédant de dépenses, lorsqu'il existe, doit être reporté comme premier article du chapitre 3 de la 1re section des dépenses supplémentaires.

Il se trouvera couvert par les restes à recouvrer reportés au chapitre 3, 1re section des recettes supplémentaires ou par des économies sur l'exercice.

Il est arrivé cependant que ces restes à recouvrer, ainsi que les recettes nouvelles non prévues au budget primitif, se sont trouvés insuffisants pour couvrir le déficit résultant des dépenses reportées, comme restes à payer, sur l'exercice clos et des dépenses urgentes proposées dans les chapitres additionnels.

Dans ce cas, les communes ont été obligées de s'imposer extraordinairement pour couvrir le déficit signalé.

Nous renverrons aux circulaires des 20 avril 1834 et 1er juillet 1837, qui ont indiqué les causes qui peuvent motiver les excédants de dépenses.

§ 6. — Des formalités à remplir par le maire après l'établissement du compte administratif.

Le maire, aussitôt après avoir procédé à l'établissement de son compte administratif, réunit tous les documents qui doivent être produits à l'appui, tels que les budgets primitif et supplémentaire, les autorisations d'ouverture de crédits additionnels, le compte de situation du receveur municipal dont il sera parlé ci-après, (V. p. 93.) etc., etc., et il prépare le procès-verbal de règlement définitif pour présenter le tout au conseil municipal dans sa session de mai. (V. p. 94. — Circ. des 10 avril 1835, p. 124 et 125; 28 janvier 1843. — Inst. gén., art. 715.)

Le maire complète son travail en prenant note du résultat du compte administratif et de l'excédant disponible de l'exercice clos (V. p. 91), ainsi que de tous les crédits ouverts au budget courant depuis le règlement définitif qui en a été fait, par exemple, depuis le 1er janvier 1851 jusqu'au moment où est dressé le compte de l'exercice 1850.

Il tient note aussi de tous les crédits additionnels votés par le conseil municipal, qui ont été soumis à l'approbation de l'autorité supérieure, et au sujet desquels il n'aurait pas encore été statué.

Il joint au détail de ces crédits le montant des fonds spéciaux disponibles en distinguant :

1° Les fonds qui appartiennent au service d'entretien et de réparation des chemins vicinaux et qui proviennent d'impositions spéciales, tels que les centimes autorisés par la loi du 21 mai 1836 et le rachat en argent des prestations en nature.

2° Les fonds provenant de subventions accordées pour constructions d'immeubles communaux, réparations de chemins, etc., et qui n'auraient pas reçu leur emploi dans le cours de l'exercice expiré. (Circ., 1er juillet 1837, p. 140; v. p. 48.)

Le maire dresse du tout un état détaillé qu'il présente au conseil municipal, pour qu'il en soit tenu compte lors de la formation et du vote du budget supplémentaire de l'exercice 1851.

Le compte du maire doit être soumis à l'administration supérieure en double expédition lorsque les budgets sont approuvés par le préfet, et en triple expédition lorsque les budgets sont approuvés par le gouvernement. (Circ. du 15 juin 1836, p. 136.)

CHAPITRE VII.

DES OPÉRATIONS DU RECEVEUR MUNICIPAL.

Compte de situation d'exercice.

Pendant que le maire s'occupe d'établir son compte d'administration, le receveur municipal, de son côté, dresse d'après ses écritures, dans les quinze jours qui suivent l'époque de la clôture de l'exercice, un compte de situation des opérations qu'il a effectuées pendant la durée de cet exercice. (Circ. du 10 avril 1835, p. 124.)

Ce compte est remis par le receveur au maire pour être joint, comme pièce justificative, au compte d'administration et aux autres pièces relatives au règlement de l'exercice. (Instr. gén., art. 714.)

Le receveur municipal joint à son compte les titres de recettes, tels que contrats de vente, baux, etc.

Le compte de situation d'exercice doit être dressé dans la même forme et dans les mêmes conditions que le compte administratif. (V. p. 48 et 69.)

Il doit présenter dans le même ordre les articles des budgets primitif et supplémentaire avec adjonction, à la suite, de tous les crédits ouverts par des arrêtés spéciaux en ce qui concerne les dépenses.

Les instructions exigent que ce compte soit en tout point conforme au compte d'administration, à l'exception toutefois de l'excédant des recettes de l'exercice précédent, qui, au lieu d'être porté, comme dans le compte administratif, en tête du chapitre 3 des recettes, figure à la fin du compte de situation. (Circ., 1er juillet 1837, p. 139.)

Si le compte du receveur municipal ne concordait pas avec celui du maire, il serait nécessaire qu'avant toute communication au conseil municipal les comptes fussent mis d'accord, tout compte irrégulier devant être l'objet d'observations qui pourraient en faire ajourner l'approbation.

CHAPITRE VIII.

OPÉRATIONS DU CONSEIL MUNICIPAL.

Examen des comptes. — Règlement définitif de l'exercice clos. — Modèle de délibération. — Vote du budget supplémentaire.

§ 1er. — Examen des comptes et règlement de l'exercice clos.

Le conseil municipal, en vertu des pouvoirs qui lui sont conférés par les articles 23 et 60 de la loi du 18 juillet 1837, procède au règlement définitif de l'exercice clos, et en arrête la situation conformément aux prescriptions des circulaires ministérielles des 20 avril 1834 (p. 111 et suivantes et 10 avril 1835, p. 125 et suivantes.)

Les instructions contenues dans ces circulaires indiquent comment il doit être procédé par le conseil municipal à l'examen et à la vérification des pièces et comptes qui lui sont présentés par le maire.

Voici comment s'exprime à ce sujet la circulaire du 10 avril 1835, p. 125 :

« Le conseil, pour vérifier l'exactitude de la situation qui « est présentée, se fera remettre sous les yeux :

« 1° Le budget de l'exercice clos et tous les titres et les « autorisations supplémentaires qui s'y rattachent;

« 2° L'état des restes à payer dressé par le maire et le re- « ceveur ;

« 3° Le compte du maire et l'état de situation du receveur, « qui constatent en même temps les recouvrements et les « payements effectués pendant le cours de l'exercice, les res- « tes à recouvrer et les crédits annulés faute d'emploi.

« Le conseil procédera alors au règlement de l'exercice « clos, comme il est dit dans la circulaire du 20 avril 1834.

« Quant aux recettes :

« Le conseil s'assurera que les sommes portées au budget, « et qui n'étaient que des évaluations, ont été ramenées au « chiffre des produits réels résultant des titres définitifs, tels « que contrats de vente, baux, procès-verbaux d'adjudication « de coupe de bois ou de toute autre nature de revenus ;

« Rapprochant ensuite la somme de ces produits à recou- « vrer, du montant des recouvrements opérés par le receveur, « il examinera s'il reste encore des parties à recouvrer et il « appréciera les motifs de non-recouvrement.

« En général, les receveurs étant responsables de toutes « les sommes à recouvrer d'après les budgets aux époques « fixées par les titres justificatifs des créances, les instruc- « tions leur prescrivent de se charger en recette dans leurs « écritures, et avant la formation de leurs comptes, de tous « les produits constatés.

« Il ne saurait donc y avoir de restes à recouvrer justifiés « que ceux qui proviendraient, soit de non-valeurs, dans le « cas de l'insolvabilité reconnue des débiteurs, soit de créan- « ces litigieuses et pour lesquelles des poursuites seraient en- « tamées, et qui dépendraient, par exemple, d'une succession « non liquidée, ou enfin de toute autre circonstance imprévue « ou accidentelle.

« Dans ces différents cas, le conseil municipal, en arrêtant « le chiffre de ces restes à recouvrer, *exprimera son avis sur*

« *les causes des retards*, et proposera, s'il y a lieu, d'en « mettre le montant, en tout ou en partie, à la charge du « receveur.

« A l'égard des sommes qui seront reconnues irrecouvra- « bles, par suite de l'insolvabilité *constatée* des débiteurs ou « de la caducité des créances, et sans qu'il puisse être re- « proché aucune négligence au receveur, il pourra en pro- « voquer l'allocation en non-valeurs (V. p. 84); mais, dans « aucune de ces circonstances, le conseil *n'apportera des « modifications au chiffre des comptes présentés*, attendu « qu'il ne peut qu'exprimer des vœux à cet égard, le règle- « ment définitif des comptabilités étant attribué soit à la « cour des comptes, soit au conseil de préfecture.

« En ce qui concerne les dépenses :

« Pour constater les dépenses, le conseil municipal com- « parera, avec les crédits ouverts par le budget et par les « autorisations supplémentaires, le montant des dépenses « effectuées sur chacun de ces crédits, et il s'assurera qu'elles « n'en excèdent pas les limites.

« Au cas contraire, il en fera l'objet d'une observation pour « que l'excédant de dépenses irrégulièrement payé soit laissé « à la charge du receveur, conformément aux règlements.

« Le plus ordinairement, les crédits n'auront pas été em- « ployés en totalité, et le compte présentera des restes libres « annulés par le fait de la clôture de l'exercice. Le conseil « vérifiera parmi ces excédants de crédits ceux qui sont de « nature à être définitivement annulés, parce que les dépen- « ses auxquelles ils avaient été affectés, en tout ou en par- « tie, n'ont pas été faites avant le 31 décembre de la pre- « mière année (1850) et les distinguera des autres crédits, « qui, s'appliquant à des dépenses faites mais non liquidées « ou payées avant le 31 mars de la seconde année (1851), « ne sont annulés que pour ordre, et doivent être immédia- « tement répartis au budget de l'exercice courant (1851), « sous un titre spécial. Cette nature d'excédants de crédits « se trouve détaillée dans l'état des restes à payer. (V. p. 65.)

« Les opérations du conseil municipal, ajoute cette circu- « laire, se bornent, comme on le voit, à une vérification, « à un contrôle des comptes et des pièces qui lui sont « soumis. »

Il prendra ensuite une délibération formulée à peu près dans les termes suivants. (Circ. du 10 avril 1835, p. 126.)

Le maire peut assister à la délibération; il doit se retirer au moment où le conseil municipal va émettre son vote. Le président adresse directement la délibération au sous-préfet. (Loi du 18 juillet 1837, art. 25.)

§ 2. — Modèle de délibération établi sur les tableaux qui précèdent.

L'an mil huit cent cinquante et un, le dix mai, les membres composant le conseil municipal de la commune de.... se sont réunis au lieu ordinaire de leurs séances;

Étaient présents MM.....

Ouï le rapport du maire;

Vu les diverses ordonnances et instructions ministérielles sur la comptabilité des communes et notamment celles des 20 avril 1834, 10 avril 1835, 31 août 1842 et 18 novembre 1845;

Le conseil, après s'être fait représenter le budget de l'exercice clos (1850) et les autorisations supplémentaires qui s'y rattachent, les titres définitifs des créances à recouvrer, le détail des dépenses effectuées, et celui des mandats délivrés par le maire ordonnateur, le compte d'administration du même exercice accompagné du compte de situation du receveur municipal, ainsi que l'état des restes à recouvrer et l'état des restes à payer et à reporter sur l'exercice suivant (1851);

Procédant au règlement définitif de l'exercice clos (1850), propose de fixer ainsi qu'il suit les recettes et les dépenses dudit exercice, savoir :

Recettes.

Les recettes, tant ordinaires qu'extraordinaires de l'exercice clos (1850), évaluées :

Par le budget primitif à........ 79,025 fr. (V. p. 8);
Par le budget supplémentaire à.. 36,408 (V. p. 51);

Et ensemble.................. 115,433 fr. ont dû s'élever, d'après les titres définitifs des créances à recouvrer, à la somme de (V. p. 74) .... 117,960 fr.

De laquelle somme il convient de déduire celle de 1,350

Savoir :

Pour non-valeurs justifiées au compte du receveur .... » fr.

Pour restes à recouvrer également justifiés et qui seront portés en recette au prochain compte 1,350

Pour restes à recouvrer non justifiés, à mettre à la charge du comptable, qui en sera forcé en recette au prochain compte .... »

Somme égale 1,350

Au moyen de quoi la recette de 1850 demeure définitivement fixée à la somme de 116,610

Dépenses.

Les dépenses créditées au budget de 1850, s'élevaient à (V. p. 14) .... 68,781 fr.

Il faut y joindre celles qui ont été l'objet de crédits alloués :

1° Par le budget supplémentaire (V. p. 53) 15,478

2° Par des autrisations spéciales (V. p. 82) .. 1,400

Total des dépenses présumées (V. p. 82) 85,659

De cette somme il faut déduire celle de 8,390

Savoir :

1° Pour crédits ou portion de crédits restés sans emploi comme excédant le montant réel des dépenses payées .... 2,314 fr.

2° Pour dépenses faites avant le 31 décembre 1850, mais non ordonnancées ou non payées avant le 31 mars 1851, à reporter au budget de 1851 6,076

Somme égale 8,390

Au moyen des déductions ci-dessus, les dépenses de l'exercice 1850 sont définitivement fixées à (V. p. 82)............................ 77,269

Les recettes de toute nature étant de (V. p. 74) 116,610 fr.
Les dépenses, de (V. p. 82.)............... 77,269

Il reste, par conséquent, pour excédant définitif, la somme de (V. p. 82).................... 39,341 fr. laquelle sera portée au chapitre III des recettes supplémentaires du budget de l'exercice courant (1851); y compris une somme de 4,000 fr. ayant une destination spéciale pour crédits réservés. (V. p. 100.)

Toutes les opérations de l'exercice 1850 sont déclarées définitivement closes, et les crédits restés sans emploi sont annulés.

La présente délibération sera jointe, comme pièce justificative, au budget de l'exercice clos (1850) et il en sera adressé trois expéditions, avec le compte du maire, à l'administration supérieure.

Délibéré à   les jour, mois et an que dessus.

Et ont signé MM.

Après avoir arrêté la clôture de l'exercice 1850, le conseil municipal s'occupe immédiatement de voter le budget supplémentaire de l'exercice courant (1851), et le budget primitif pour l'exercice suivant (1852).

§ 3. — Du budget supplémentaire à établir d'après les opérations précitées.

Nous allons clore notre travail par un modèle de budget supplémentaire dressé dans la forme déjà indiquée (V. p. 46 et suivantes); lequel complétera toutes les opérations de l'exercice pris pour exemple (1850), sans toutefois former double emploi.

Ce modèle est établi sur les opérations déjà indiquées; il permettra de suivre l'ensemble du système financier de toute une année.

DÉPARTEMENT DE LA SEINE. | ARRONDISSEMENT DE | COMMUNE D

CHAPITRES *additionnels au budget de l'exercice* (1851), *formés en exécution de l'Instruction du* 10 *avril* 1835.

TITRE Ier. — RECETTES.

N^os D'ORDRE.	NATURE DES RECETTES.	RECETTES PROPOSÉES par le maire.	RECETTES PROPOSÉES par le conseil municipal.	RECETTES PROPOSÉES par le sous-préfet.	RECETTES admises par le préfet.	OBSERVATIONS.
	CHAPITRE III. RECETTES SUPPLÉMENTAIRES.					
	SECTION 1re. *Reports.*					
38	Excéd. de l'exerc. précédent (1850)	39,341	39,341			
	Restes à recouvrer du même exercice.					
39	Enlèvement des boues	50	50			
40	Souscriptions volontaires pour le pavage de la rue de	300	300			A admettre en non-valeurs.
41	Idem pour le chemin de..........	1,000	1,000			
	SECTION II. *Recettes non désignées au budget primitif.*					
42	Subvention pour la classe d'adultes.	120	120			
	TOTAL des recettes supplément^res..	40,811	40,811			

Nos D'ORDRE.	NATURE DES DÉPENSES.	CRÉDITS PROPOSÉS par le maire.	CRÉDITS PROPOSÉS par le conseil municipal.	CRÉDITS PROPOSÉS par le sous-préfet.	CRÉDITS alloués par le préfet.	OBSERVATIONS.
	CHAPITRE III. DÉPENSES SUPPLÉMENTAIRES.					
	SECTION Ire. *Reports.*					
	Crédits annulés. — Dépenses restant à payer à la clôture de l'exercice 1850, savoir :	fr.	fr.			
80	Entretien de la maison commune..	18	18			
81	Entretien des pompes à incendie..	380	380			
82	Idem des bâtiments communaux...	95	95			
83	Dépense des aliénés..............	600	600			
84	Entretien des caisses et armes....	148	148			
85	Idem d'habillement et d'équipement	280	280			
86	Fête publique.....................	75	75			
87	Achat de cailloux.................	900	900			
88	Pavage du chemin vicinal de ..	2,000	2,000			
89	Travaux de menuiserie à la mairie.	400	400			
90	Habillement des sergents de ville..	180	180			
91	Établissement d'un bureau d'octroi.	1,000	1,000			
	SECTION II. CRÉDITS RÉSERVÉS.					
	Crédits ou portions de crédits non employés avant le 31 décembre (1850) et reportés à l'exercice courant (1851) pour recevoir leur affectation spéciale.					
92	Emploi des subventions accordées sur les fonds de l'instruction publique pour les écoles..........	4,000	4,000			
	SECTION III. § 1er.					
	Crédits ouverts par des arrêtés spéciaux depuis le règlement du budget.					
93	Indemnité à l'ancien instituteur...	200	200			Arrêté administratif du 8 février 1851.
94	Réparation de la porte du cimetière........................	150	150			Arrêté administratif du 2 mars 1851.
	§ 2. *Crédits de (1849) renouvelés.*					
	Crédits ou portions de crédits de					
	A reporter........	10,426	10,426			

SUITE DU TITRE II. — DÉPENSES.

Nos D'ORDRE.	NATURE DES DÉPENSES.	CRÉDITS PROPOSÉS par le maire.	par le conseil municipal.	par le sous-préfet.	CRÉDITS alloués par le préfet.	OBSERVATIONS.
	Report..........	fr. 10,426	fr. 10,426			
	l'exercice (1849) reportés sur l'exercice (1850) et qui ont été annulés.					
95	Construction d'un égout...........	1,000	1,000			
96	Pavage de la rue...... solde......	400	400			
	§ 3. *Dépenses nouvelles non allouées au budget primitif.*					
97	10e revenant au Trésor, complément de 1851..................	999	999			
98	Moitié des amendes revenant aux employés, complément de 1851..	35	35			
99	Frais de perception dans la halle, complément de 1851............	15	15			
100	Frais d'actes d'enrôlements volontaires, complément de 1851.....	15	15			
101	Emploi de la subvention pour la classe d'adultes...............	120	120			
102	Remboursement de l'emprunt autorisé par décret du	20,000	20,000			
103	Frais d'élection..................	300	300			
104	Mise en ordre des archives........	1,000	1,000			
105	Frais de perception de l'octroi, complément de 1851............	300	300			
	TOTAL des dépenses supplémentres.	34,610	34,610			

RÉCAPITULATION.

	SUIVANT LES PROPOSITIONS du maire.	du conseil municipal.	du sous-préfet.	SUIVANT la décision.
RECETTES SUPPLÉMENTAIRES..................	fr. 40,811	fr. 40,811		
DÉPENSES SUPPLÉMENTAIRES..................	34,610	34,610		
EXCÉDANT.. de Recettes........................	6,201	6,201		
EXCÉDANT.. de Dépenses........................				

CHAPITRE 9.

DES COMPTES DE GESTION.

Les comptes de gestion des receveurs des communes et des établissements de bienfaisance doivent être soumis aux conseils municipaux, avant leur présentation à l'autorité chargée de les juger et de les apurer.

Cette obligation est imposée aux comptables par l'art. 5 de l'ordonnance du 23 avril 1823, dont les dispositions sont rappelées dans l'art. 474 de l'ordonnance du 31 mai 1838.

L'art. 478 de cette dernière ordonnance, qui n'est que la reproduction de l'art. 23 de la loi du 18 juillet 1837, détermine ainsi comment les conseils municipaux doivent procéder.

« Le conseil municipal entend, débat et arrête les comptes « des deniers des receveurs, sauf règlement définitif. »

Enfin, l'instruction du ministère des finances, du 17 juin 1840, reproduit cette prescription dans l'art. 1334, ainsi conçu :

« Les comptes, avant leur présentation à l'autorité chargée « de les juger, doivent être soumis à l'examen des conseils « municipaux et des commissions administratives.

« A cet effet, une des expéditions du compte de chaque an« née, non sujette au timbre, est remise au maire avant la « fin du premier trimestre de l'année suivante, et ce fonction« naire le soumet au conseil municipal.

« Pendant tout le temps de cet examen, le receveur tient « les pièces à la disposition du conseil, pour les lui commu« niquer lui-même s'il y a lieu; et, dans le cas où il devrait « laisser provisoirement entre les mains du maire une partie « des pièces, ce fonctionnaire lui en délivrerait un bordereau « détaillé et dûment certifié.

« Aussitôt après que la délibération du conseil a été prise, « le receveur retire une ampliation de cet acte, ainsi que les « pièces dont il se serait momentanément dessaisi : il réunit ces « éléments aux autres justifications qu'il doit produire, et les « adresse, avec l'expédition timbrée du compte, au greffier en

« chef de la Cour des comptes ou au conseil de préfecture, « selon que le jugement du compte appartient à l'une ou à « l'autre de ces autorités. »

Les comptes des receveurs municipaux sont définitivement apurés par les conseils de préfecture pour les communes dont le revenu n'excède pas 30,000 fr., sauf recours à la Cour des comptes.

Les comptes des receveurs des communes, dont le revenu excède 30,000 fr., sont réglés et apurés par ladite Cour. (Loi du 18 juillet 1837, art. 66.)

La gestion ordinaire d'un comptable commence au 1er janvier et finit au 31 décembre; elle se compose par conséquent de douze mois.

Cependant, si un comptable entrait en fonctions dans le courant de l'année, la gestion qui finit toujours au 31 décembre ne se composerait plus alors que du nombre de mois et de jours pendant lesquels ce nouveau comptable a géré.

Il en serait de même si un receveur ou un trésorier cessait ses fonctions dans le cours de l'année; sa gestion ne se composerait que du temps qui se serait écoulé, soit du 1er janvier s'il exerçait antérieurement à cette époque, soit depuis le jour de sa nomination jusqu'à la cessation de ses fonctions.

C'est pourquoi les comptes se rendent par gestion, et représentent quelquefois les opérations de deux comptables.

L'instruction générale du 17 juin 1840, art. 1325, s'exprime ainsi à cet égard :

« Chaque receveur, n'étant comptable que des actes de sa « gestion personnelle, doit, en cas de mutation, rendre « compte séparément des faits qui le concernent; en consé« quence, lorsque la mutation s'opère dans le cours d'une « année, le compte de cette année doit être divisé suivant la « durée de la gestion de chacun des titulaires. » (Ordonn. du 23 avril 1823. — 31 mai 1838, art. 476.)

Lorsque la gestion est complète, le compte de caisse se compose de deux parties qui représentent les opérations du budget, et d'une troisième partie qui comprend les opérations hors budget.

La première partie comprend le compte final de l'exercice qui a commencé au 1er janvier de l'année précédente, et qui se termine au 31 mars de la seconde année, ce qui porte la durée de l'exercice à quinze mois.

Ce compte final, qui forme la première partie du compte

de gestion, contient, comme l'indiquent les modèles suivants, les opérations de recette et de dépense effectuées dans le cours *des trois derniers mois de l'exercice*, et fait rappel des opérations *des douze premiers mois du même exercice*, dans une colonne spéciale, pour que la réunion de toutes les parties du même exercice permette d'en opérer le règlement et d'en constater les résultats.

1re PARTIE. — COMPTE FINAL DE L'EXERCICE (1849). — RECETTES.

Nos DES ARTICLES.	DÉSIGNATION des CHAPITRES ET ARTICLES.	SOMMES A RECOUVRER		RECOUVREMENTS EFFECTUÉS			RESTES à recouvrer au 31 mars 1850, à reporter sur l'exercice 1850.	OBSERVATIONS.
		d'après le budget et les autorisations supplémentaires.	fixation définitive d'après les titres et actes justificatifs.	pendant l'année 1849, suivant le compte de la gestion 1849.	en 1850, du 1er janvier au 31 mars, d'après le présent compte.	TOTAUX.		
	CHAPITRE 1er. RECETTES ORDINAIRES.							

1re PARTIE. — DÉPENSES.

Nos DES ARTICLES.	DÉSIGNATION des CHAPITRES ET ARTICLES.	CRÉDITS OUVERTS		PAYEMENTS EFFECTUÉS			CRÉDITS OU PORTIONS DE CRÉDITS		OBSERVATIONS.
		par le budget primitif.	par le budget supplémentaire.	pendant l'année 1849, suivant le compte de la gestion 1849.	en 1850 du 1er janvier au 31 mars, d'après le présent compte.	TOTAUX.	réservés pour restes à payer à reporter sur l'exercice 1850 (1)	annulés faute d'emploi au 31 décembre 1849 (2).	
	CHAPITRE 1er. DÉPENSES ORDINAIRES.								

(1) Les sommes à porter dans cette colonne sont celles qui figurent dans l'état des restes à payer dont la formation est prescrite par l'instruction du Ministre de l'intérieur du 10 avril 1835, *modèle n° 1*.

(2) Les sommes à porter dans cette colonne forment la différence du crédit alloué et du montant des dépenses constatées au 31 décembre.

RÉSUMÉ DES DÉPENSES.	DÉPENSES effectuées en 1849.	1850.
Ordinaires.		
Extraord^res.		
Supplém^res		
TOTAUX...		

RÉSULTAT *du Compte final de l'exercice* 1849.	OPÉRATIONS EFFECTUÉES en 1849.	en 1850.	TOTAUX.
RECETTES.....			
DÉPENSES.......			
EXCÉDANT de			
Le RÉSULTAT DÉFINITIF de l'exercice 1848, porté *pour mémoire* au Compte ci-dessus, présente un excédant de ci...			
Le RÉSULTAT DÉFINITIF de l'exercice 1849, égal au résultat du Compte d'administration du même exercice, est un excédant de ci................			

La deuxième partie du compte ne se compose que des opérations partielles d'un exercice qui ne sera clos que l'année suivante ; en conséquence elle ne peut donner lieu à un règlement définitif sur l'ensemble de cet exercice.

Comme l'exercice est encore en cours d'exécution à la fin de l'année, cette partie du compte se termine par une simple situation de caisse qui présente la balance des recettes et des dépenses effectuées dans le cours de l'année, tant sur la première que sur la deuxième partie de ce compte.

2e PARTIE. — RECETTES.

N^os DES ARTICLES.	DÉSIGNATION des CHAPITRES ET ARTICLES.	SOMMES A RECOUVRER d'après le budget et les autorisations supplémentaires.	SOMMES A RECOUVRER fixation définitive d'après les titres et actes justificatifs.	RECOUVREMENTS effectués pendant l'année 1850 suivant le présent compte.	RESTES à recouvrer au 31 décembre 1850.	OBSERVATIONS.
	CHAPITRE 1er. RECETTES ORDINAIRES.					
	Cinq centimes additionnels ordinaires.......					

2e PARTIE. — DÉPENSES.

Nos DES ARTICLES.	DÉSIGNATION des CHAPITRES ET ARTICLES.	CRÉDITS OUVERTS par le budget primitif.	CRÉDITS OUVERTS par le budget supplémentaire.	PAYEMENTS effectués pendant l'année 1850 suivant le présent compte.	RESTES au 31 décembre 1850.	OBSERVATIONS.
	CHAPITRE 1er. DÉPENSES ORDINAIRES. — *Administration communale.*					

Résultat général des opérations effectuées pendant l'année 1850, *et situation du receveur au* 31 *décembre* 1850.

	RECETTE.	DÉPENSE.
1° SERVICES COMPRIS DANS LES BUDGETS.		
Les recettes effectuées pendant l'année 1850, s'élèvent, savoir:		
Sur l'exercice 1849 (1re partie du Compte), à.............		» »
Sur l'exercice 1850 (2e idem), à.............		» »
Les dépenses acquittées pendant l'année 1850, s'élèvent, savoir:		
Sur l'exercice 1849 (1re partie du Compte), à.............	» »	
Sur l'exercice 1850 (2e idem), à.............	» »	
D'après le Compte de la gestion 1849, dont le résultat est rapporté en tête du présent Compte, le receveur se trouvait, au 31 décembre 1849, débiteur de pour excédant de recette, ci..............		» »
TOTAL des recettes et des dépenses concernant les services compris dans les budgets..............		
Il en résulte que le comptable était, au 31 décembre 1850, débiteur envers la commune, pour les services compris dans les budgets, de la somme de..............		

2° SERVICES EXÉCUTÉS EN DEHORS DES BUDGETS.	RECETTE.	DÉPENSE.
Les recettes effectuées sur ces services pendant l'année 1850 s'élèvent à..................		» »
Les dépenses..... .... . idem.... ..s'élèvent à	» »	
D'après le Compte de la gestion 1849, le receveur se trouvait, au 31 décembre 1849, débiteur de..................		» »
TOTAUX.............		
Il en résulte qu'au 31 décembre 1850, il était, sur les mêmes services, débiteur de........ ci		

Quant à l'ordre dans lequel on doit inscrire, dans chacune des parties du compte de gestion, les recettes et les dépenses, il doit être le même que celui des budgets et des comptes administratifs de situation.

On voit, par ce qui précède, qu'il ne faut pas confondre les opérations du compte de gestion avec celles que présentent le compte d'administration et l'état de situation d'exercice, qui ne contiennent qu'une seule partie, embrassant à la fois les opérations de tout un exercice de quinze mois.

En effet, si l'on examine un compte de caisse de la gestion de 1850, qui doit se composer, pour sa première partie, du compte final de l'exercice 1849, et, pour la deuxième partie, des opérations faites dans les douze premiers mois de l'exercice de 1850, on verra que cette première partie doit concorder avec le compte administratif de l'exercice 1849, attendu qu'elle contient toutes les opérations dudit exercice.

En conséquence, l'exercice de 1850 ne se trouvera complété que dans le compte de caisse de la gestion de 1851, qui rappellera les opérations des douze mois de l'exercice 1850, auxquelles viendront s'ajouter les trois premiers mois de l'année 1851, pendant lesquels on a terminé les opérations de l'exercice 1850.

En résumé, le compte de caisse contient deux parties, dont la première récapitule les opérations de tout un exercice. (15 mois.)

La deuxième partie résume les opérations faites pendant les douze premiers mois de l'exercice 1850.

Le compte de gestion présente aussi, dans une partie distincte, les recettes et les payements que les receveurs sont appelés à faire, en dehors du budget, pour divers services communaux.

Cette troisième partie n'engage la responsabilité du comptable qu'à titre de dépôts, pour les recettes et les dépenses qui concernent les retenues faites aux instituteurs, celles opérées sur les traitements des employés, ainsi que les versements de cautionnements, et les autres opérations dont il sera parlé ci-après.

Par exemple : les sommes provenant des versements des cautionnements des entrepreneurs adjudicataires des travaux, les secours versés pour recevoir une affectation spéciale qui n'intéresse pas directement la commune, etc., sont portés dans la troisième partie du compte de gestion, parce qu'ils n'assujettissent pas le comptable aux formalités exigées pour les recettes et dépenses, qui doivent s'effectuer d'après le budget, mais qu'ils influent sur son encaisse.

I• PARTIE. — *Compte des Recettes et Dépenses effectuées sur le* Fonds de retenues pour retraites ou pensions des Employés d *et pour les autres* services exécutés *par le comptable* en dehors des budgets.

RECETTE.

Fait **RECETTE** le comptable de la somme montant des recouvrements [e]fectués par lui pendant l'année 1849, pour les [se]*rvices exécutés en dehors des budgets*, ainsi [qu]'il résulte du développement établi ci-après.

Ces recouvrements sont justifiés : 1° pour les [fo]*nds de retraites*, par l'ampliation certifiée de la [dé]cision qui détermine les retenues à exercer, par les avis de la caisse des dépôts et con[si]gnations, annonçant la recette des semestres [de] rente ou les bénéfices obtenus par suite des [ve]ntes d'inscriptions de rentes ; 2° pour les [au]*tres services*, par les titres de recette que [pr]escrivent les instructions relatives à chaque [se]rvice et qui sont détaillés dans des borde[re]aux, ci........................F.

DÉPENSE.

Fait **DÉPENSE** le comptable de la somme de montant des payements effectués par lui pendant l'année 1849, pour les *services exécutés en dehors des budgets*, ainsi qu'il résulte des développements ci-après.

Ces payements sont justifiés : 1° pour les *Fonds de retraites*, par les états d'émargements ordonnancés et signés pour quittance par les employés retraités et par les avis de la caisse des dépôts et consignations annonçant les pertes éprouvées par suite de la vente des inscriptions de rentes ; 2° pour les *autres services*, par les pièces que prescrivent les instructions relatives à chaque service, et qui sont détaillées dans des bordereaux, ci...F.

N^os^ des articl.	DÉSIGNATION des SERVICES.	RECOUVREMENTS effectués.		OBSERVATIONS.	N^os^ DES ARTICL.	DÉSIGNATION des SERVICES.	PAYEMENTS effectués.		OBSERVATIONS.
	Retenues exercées sur les traitements des employés.......					Payements de retraites ou pensions......................			
	Semestres de rentes..........					Pertes éprouvées sur les ventes d'inscriptions de rentes.....			
	Bénéfices obtenus sur les ventes d'inscriptions de rentes.....					.....			
	....					.....			
	TOTAL des recettes sur *Fonds de retraites*....					TOTAL des dépenses sur *Fonds de retraites*....			
	Rétributions des élèves de l'école primaire...............					Payement à l'instituteur du produit des rétributions........			
	Retenue sur le traitement de l'instituteur primaire pour la caisse d'épargne............					Versements au receveur des finances du produit des retenues exercées sur le traitement de l'instituteur........			
	Cautionnements versés par les adjudicataires de travaux, etc.......................					Remboursements des cautionnements versés par les adjudicataires de travaux, etc...			
	Intérêts liquidés pour ces cautionnements placés au Trésor.........................					Intérêts sur ces cautionnements payés aux adjudicataires....			
	TOTAL des recettes......					TOTAL des dépenses.....			

Les comptes de gestion doivent être appuyés des pièces justificatives de recette et de dépense ; les pièces sont classées par chapitres et par articles, elles doivent être détaillées dans des inventaires et des bordereaux qui sont joints au compte. Ces justifications sont indiquées dans deux tableaux de l'instruction générale déjà citée. (Art. 1322.)

Ces comptes doivent être dressés en double expédition.

Une expédition est remise au maire pour être placée sous les yeux du conseil municipal.

L'autre expédition est produite à l'autorité chargée du jugement.

Les comptes de gestion doivent être affirmés sincères et véritables, tant en recette qu'en dépense, et être datés, signés et paraphés par le comptable. Ils ne doivent point offrir d'interlignes.

Les receveurs municipaux sont tenus de produire à l'appui des comptes de gestion :

1° Une expédition du budget de chaque exercice;

2° Une copie de l'acte qui l'a approuvé,

3° Une expédition de la délibération du conseil municipal ou de la commission administrative;

4° Une copie certifiée du compte d'administration ;

5° Une expédition du procès-verbal de situation de caisse au 31 décembre ;

6° Une copie du bordereau de situation offrant la division, entre chaque service, des valeurs qui représentent l'excédant total des recettes;

7° Un état des propriétés, rentes et créances formant l'actif de la commune;

8° Un inventaire des pièces justificatives, classées, par chapitres et par articles, cotées et numérotées dans l'ordre des articles du budget.

Les comptes des receveurs des communes et des établissements de bienfaisance doivent, conformément aux instructions, être préalablement vérifiés par les receveurs généraux des finances (pour le département de la Seine, par le receveur central).

TROISIÈME PARTIE.

INSTRUCTIONS SUR LA COMPTABILITÉ.

Extrait de l'instruction relative à la formation des budgets communaux, 20 avril 1834. (1).

Règlement de l'exercice clos. — La première opération dont il convient de s'occuper, celle qui doit nécessairement précéder la formation du budget, dont elle est le premier élément, c'est *le règlement définitif des recettes et des dépenses de l'exercice clos*, qui doit servir à établir l'excédant disponible à reporter aux ressources extraordinaires du nouvel exercice. Je ne dois pas vous dissimuler, Monsieur le préfet, que, dans presque tous les budgets dont j'ai eu à faire l'examen, j'ai trouvé cet article de recette assez inexactement établi. Quelques explications sur ce point m'ont donc semblé indispensables.

Vous savez, Monsieur le préfet, que, par suite de l'ordonnance du 23 avril 1823, toutes les opérations d'un exercice, soit en recette, soit en dépense, doivent être nécessairement terminées dans la seconde année de cet exercice; que, passé ce délai, les crédits sont définitivement clos, et que les restes à dépenser comme les restes à recouvrer sont reportés au budget nouveau. Il résulte de cet ordre de comptabilité qu'à l'expiration de la seconde année d'un exercice, et seulement alors, la situation de cet exercice peut être irrévocablement arrêtée, et que les résultats désormais connus peuvent être reportés, avec exactitude et sans craindre des changements ultérieurs dans le chiffre, au budget de l'année qui va s'ouvrir. L'objet du *règlement définitif de l'exercice clos* est précisément d'établir et d'arrêter cette situation.

Pour y procéder, les administrations locales ont à constater successivement le montant des ressources dont elles ont disposé et le montant des dépenses qu'elles ont effectuées dans l'année. La circulaire du 29 mars 1831, relative à la comptabilité des hospices, dont les principes sont devenus les mêmes que ceux de la comptabilité communale, indique la marche à suivre à cet égard, et je ne puis que rappeler, avec quelques modifications nécessaires, les dispositions qu'elle prescrit. Je prends pour point de départ l'exercice 1832, dont l'excédant doit être reporté au budget de 1835.

Pour constater le montant des recettes, le conseil municipal se fera représenter, indépendamment du compte d'administration du maire : 1° le budget de l'exercice clos et tous les titres en vertu desquels les recettes ont dû s'opérer ; 2° le compte du receveur, qui contient le détail des recouvrements opérés en exécution de ces titres. Le conseil ramènera d'abord les évaluations du budget, qui n'étaient que présumées, au chiffre des produits réels résultant des titres définitifs ; ensuite, rapprochant la somme de ces produits à recouvrer du montant des recouvrements opérés par le receveur, il examinera s'il y a balance entre eux, ou bien s'il reste encore des parties à recouvrer. Dans ce dernier cas, il appréciera les motifs du non-recouvrement, et admettra la somme à recouvrer en non-valeurs, si le recouvrement est impossible, par suite de l'insolvabilité des débiteurs ; ou bien il en renverra la recette à l'exercice suivant, si le recouvrement peut encore être obtenu soit du redevable, soit du receveur lui-même, dans le cas où, le retard n'étant pas justifié, il y aurait lieu de forcer ce comptable en recette.

Les sommes admises en non-valeurs sont soustraites du montant des recettes, ainsi que les sommes dont la recette est renvoyée à l'exercice suivant ; mais, à l'égard de celles-ci, mention doit être faite de l'obligation imposée au receveur de les comprendre dans son prochain compte.

Cette opération mettra le conseil municipal en mesure de connaître et d'arrêter avec exactitude le montant réel des recettes appartenant à l'exercice clos.

Pour constater les dépenses, le conseil se fera représenter, avec le compte du maire : 1° le budget de l'année et les autorisations de crédits supplémentaires qui s'y rattachent ; 2° le détail et le montant des dépenses effectuées et des travaux exécutés durant l'exercice ; 3° la note des mandats délivrés par l'ordonnateur pour le payement des dépenses ; 4° le compte du receveur, qui contient le détail des payements effectués, en vertu desdits mandats, sur les crédits ouverts par le budget ou par les autorisations supplémentaires.

Sur le vu de ces pièces, le conseil, pour constater la somme exacte des dépenses appartenant à l'exercice, comparera d'abord les payements faits par le receveur, d'après son compte et d'après les pièces justificatives, au montant des crédits alloués par le budget, ou par les autorisations supplémentaires pour chaque dépense spéciale. Si le payement excédait le crédit, le receveur aurait payé irrégulièrement ; mais comme, aux termes des règlements, ce comptable sera tenu de faire recette au compte suivant des sommes payées au delà des crédits, il est nécessaire que ces excédants continuent de figurer au compte de l'exercice clos. Le conseil municipal n'aura donc pas à les en déduire ; seulement, après en avoir fait ressortir le montant, il rappellera l'obligation imposée au receveur d'en faire recette au prochain compte.

Si au contraire, et c'est le cas le plus fréquent, la somme des payements est inférieure à celle des crédits, il convient d'en examiner les causes : 1° ou bien la dépense effective a été réellement moins forte que le crédit qui lui avait été réservé ; 2° ou bien les créanciers de l'établissement n'ayant produit leurs pièces qu'après le 31 octobre de la deuxième année de l'exercice, la liquidation n'a pas pu avoir lieu ni le mandat de payement être délivré avant le 1er décembre ; 3° ou bien enfin le mandat, délivré en temps utile et sur un crédit régulier, n'a pas pu être acquitté, soit parce qu'il n'a été présenté qu'après le 15 décembre de la deuxième année de l'exercice, soit par tout autre motif au nombre de ceux énumérés dans l'article 4 de l'ordonnance du 23 avril 1823.

Dans ces trois cas, le conseil municipal déclarera les crédits non employés définitivement annulés, sauf report au budget à régler des dépenses restant à acquitter, à moins qu'elles n'aient été, par suite d'autorisations spéciales, payées sur les fonds d'un exercice intermédiaire (1833 ou 1834); ensuite d'après le montant des sommes effectivement payées, il arrêtera la dépense de l'exercice clos.

Enfin, il rapprochera le montant général des recettes, établi ainsi qu'il a été dit ci-dessus, du montant des dépenses, et il fera ressortir l'excédant définitif applicable comme ressource disponible aux besoins du budget de 1835.

Mais il peut arriver qu'au lieu d'un excédant de recettes, l'exercice offre un excédant de dépenses. Le cas peut en effet se présenter dans l'espèce suivante: une circonstance imprévue, indépendante de la volonté du receveur, a pu entraver une partie des recouvrements, de telle sorte qu'il ait été impossible de les terminer dans la deuxième année de l'exercice. Cependant les dépenses auxquelles ces recouvrements devaient pourvoir et qui étaient créditées au budget ont été effectuées, et il a été indispensable de les acquitter. Le receveur ayant dû, conformément aux instructions, payer sur tous les fonds de sa caisse les mandats délivrés en exécution de crédits régulièrement autorisés, a, par le fait, employé à solder les dépenses de l'exercice clos les recettes de l'exercice suivant, de sorte que le compte de l'exercice clos devra présenter une somme de dépenses supérieure à celle de ses recouvrements. Comment convient-il dans ce cas de procéder au règlement définitif?

Il faut d'abord reconnaître que le déficit dont il s'agit n'est qu'apparent, car il reste dans les sommes à recouvrer des ressources suffisantes pour y faire face. Au fond, il ne s'agit même plus d'assurer le payement de ces dépenses, puisqu'elles ont été réellement acquittées avec les fonds de l'exercice suivant, et que sous ce point de vue tout est terminé à leur égard La seule chose qui reste à faire, c'est de procurer à l'exercice suivant le remboursement des sommes qui ont été prélevées sur ces recettes pour fournir aux dépenses de l'exercice précédent. Or, c'est ce qui se fait naturellement par le report, à cet exercice, des restes à recouvrer de l'exercice précédent, suivant la règle indiquée par la circulaire ministérielle du 25 juillet 1828.

Cet incident ne donne lieu à aucune opération particulière d'écriture dans le compte final d'exercice, ni à aucun report du déficit apparent dans les subséquents budgets. Il suffit, dans le procès-verbal du *règlement définitif des recettes et dépenses de l'exercice clos*, de faire ressortir l'excédant de dépenses dont il s'agit; et de faire remarquer qu'il n'est que fictif, puisque la somme empruntée pour le solder, aux recettes de l'exercice suivant, sera représentée dans le compte dudit exercice par les restes à recouvrer de l'exercice précédent, qui y ont été reportés et rattachés. Il faut observer que lors même que les restes à recouvrer n'égaleraient pas entièrement la somme dépensée, ou que quelques-uns même paraîtraient d'un recouvrement incertain, cette circonstance ne devrait rien changer à la marche qui vient d'être indiquée à l'égard de l'exercice clos. L'excédant des sommes payées sur les sommes recouvrées resterait imputable sur les ressources propres à l'exercice suivant, au moyen d'une mention particulière dans le compte de cet exercice.

Il arrive assez fréquemment que dans l'intervalle qui s'écoule entre la clôture d'un exercice (1832, par exemple) et le règlement du budget où l'excédant dudit exercice doit être porté (1835), une partie de cet excédant a été employée à solder les dépenses des budgets intermédiaires (1833 ou 1834). Dans ce cas, qui est précisément la contre-partie de celui dont je viens de parler, le comptable ayant agi régulièrement, et la portion de l'excédant ayant été employée à des dépenses créditées, il est évident qu'il faudra, dans l'appréciation de la somme à reporter au budget de 1835, faire la déduction de la portion appliquée au service de 1833 ou 1834...

....

Je ne terminerai pas cette circulaire sans appeler votre attention spéciale, Monsieur le préfet, sur une habitude contractée par plusieurs administrations, et qui dégénère en un abus véritable. Je veux parler des demandes trop fréquentes de crédits additionnels. La faculté attribuée au ministre d'autoriser des crédits de ce genre dans les budgets réglés par ordonnances royales n'a été évidemment introduite que pour que le service communal ne se trouvât pas entravé par l'omission d'une dépense urgente oubliée lors de la rédaction du budget primitif, ou qui ne s'est présentée qu'après, occasionnée par des circonstances fortuites et imprévues. Mais on ne peut se dissimuler que c'est sortir de l'esprit des règlements que d'appliquer cette faculté à des dépenses qu'il était le plus souvent très-facile de prévoir avant la présentation du budget, et qui pourraient, en tout cas, être ajournées sans inconvénients à l'année suivante. Il en est même parfois de si modiques, qu'il serait plus simple et plus régulier à la fois de les imputer sur le fonds des dépenses imprévues. Une marche contraire, indépendamment de ce qu'elle tend à multiplier outre mesure la correspondance et le travail des bureaux du ministère et des préfectures, a l'inconvénient plus grave encore de déranger sans motifs suffisants l'économie du budget arrêtée par le roi, et de substituer en définitive l'autorité d'une décision ministérielle à celle de l'ordonnance royale.

Je crois donc devoir vous inviter, Monsieur le préfet, à restreindre à l'avenir dans de justes bornes les propositions de crédits additionnels. Une fois le budget arrêté, je ne consentirais que pour des motifs sérieux, et pour une urgence bien constatée, à y autoriser de nouvelles dépenses au delà de celles fixées par l'ordonnance royale. Vous devriez vous-même vous abstenir de me soumettre les demandes qui vous seraient adressées par les communes, et qui ne vous paraîtraient pas présenter ces caractères. Dans tous les cas, vous auriez le soin d'établir, dans vos propositions à l'appui de la demande d'un crédit additionnel, la situation de l'excédant du budget primitif avec les modifications que d'autres crédits supplémentaires auraient pu lui faire subir, afin que je ne sois pas exposé à ouvrir des allocations nouvelles lorsque les ressources seraient insuffisantes pour y pourvoir.

Afin de concilier ces dispositions avec ce que peuvent exiger, dans quelques circonstances, les besoins du service, j'ai cru devoir vous mettre à portée de donner sans retard aux administrations municipales les autorisations nécessaires pour imputer, sur le fonds des dépenses imprévues porté dans les budgets annuels, les dépenses qui vous paraîtraient urgentes. Vous savez que l'instruction de septembre 1824 avait subordonné l'emploi de ce fonds à l'autorisation du ministre pour les budgets réglés par le roi. Ce recours à l'autorité supérieure entraînait souvent des retards préjudiciables au service, et il m'a semblé préférable de laisser désormais à MM. les préfets le soin d'accorder eux-mêmes ces autorisations. Mais, en leur délégant cette attribution, je crois devoir rappeler qu'aux termes de l'instruction ministérielle du 29 avril 1811, dont les dispositions en ce point n'ont jamais été rapportées, le fonds des dépenses imprévues ne peut être employé à payer en tout ou en partie des dépenses, même imprévues, qui auraient été faites pendant un autre exercice que celui pour lequel le fonds a été alloué, non plus que des dépenses proposées au budget et qui en auraient été rejetées. Il n'est permis de l'affecter qu'au complément des prélèvements légaux et aux modiques excédants des dépenses autorisées : aucun secours, indemnité, gratification, aucune dépense enfin dont l'objet sort de la classe de celles qui s'effectuent habituellement en vertu des lois et règlements généraux ne doit avoir lieu sur ce fonds, à moins, dans ce cas, d'une autorisation que je me réserve d'accorder, s'il y a lieu, sur la proposition que vous me feriez.

Hors ce cas, Monsieur le préfet, vous n'aurez donc plus à soumettre à mon approbation les demandes d'imputation de dépenses sur le crédit des dépenses imprévues : vous statuerez vous-même à cet égard en vous conformant aux règles ci-dessus rappelées. Vous devrez seulement me rendre compte tous les trois mois des autorisations que vous aurez ainsi accordées; cette marche devra être adoptée à partir du 1er mai prochain.

Notification de l'ordonnance du 1er mars 1835, 5 mars 1835.

Monsieur le préfet, vous trouverez ci-joint une ampliation d'une ordonnance royale, en date du 1er de ce mois, relative à la comptabilité des communes et des établissements de bienfaisance. Les dispositions qu'elle contient seront l'objet d'instructions détaillées, que je concerte en ce moment avec M. le ministre des finances, et que je ne tarderai pas à vous adresser.

Mais, en attendant, j'ai cru nécessaire d'appeler votre attention sur celles de ces dispositions qui ordonnent la clôture de l'exercice pour les communes et les établissements non justiciables de la cour des comptes, au 31 mars de la seconde année, et qui interdisent d'ordonnancer aucune dépense relative à cet exercice, passé le 15 dudit mois.

Comme ce délai est près d'expirer en ce qui concerne l'exercice 1834, il convient, Monsieur le préfet, que les administrations municipales et de bienfaisance, ainsi que leurs receveurs, soient informés sans délai des nouvelles mesures prescrites, afin de prévenir les erreurs que pourrait occasionner, dans la comptabilité, le défaut d'exécution de l'ordonnance sous ce rapport.

Je n'ai pas à m'occuper, quant à présent, du soin de développer les avantages de la modification apportée à l'ordonnance du 23 avril 1823, ni de déterminer les autres détails d'exécution des dispositions nouvelles. C'est principalement à la session du mois de mai que les conseils municipaux auront à opérer d'après les règles de l'ordonnance que je vous notifie, et d'ici à cette époque les instructions que je fais rédiger auront mis à même les administrateurs et les comptables d'y conformer exactement le travail qu'ils devront soumettre à ces conseils.

Je vous prie, Monsieur le préfet, de ne pas perdre un moment pour assurer, en ce qui vous concerne, l'exécution des dispositions dont je viens de vous entretenir. Veuillez bien aussi m'accuser réception de la présente circulaire.

Ordonnance du roi, 1er mars 1835.

Louis-Philippe, roi des Français,

A tous présents et à venir, salut.

Sur le rapport de notre ministre secrétaire d'Etat au département de l'intérieur;

Vu les ordonnances royales des 14 septembre 1822, 23 avril 1823 et 22 janvier 1831, ensemble la loi de finances du 23 mai 1834;

Notre conseil d'Etat entendu,

Nous avons ordonné et ordonnons ce qui suit :

Art. 1er. A partir de l'exercice 1834, l'époque de la clôture des exercices, en ce qui concerne la comptabilité des communes et des établissements de bienfaisance, est fixée, savoir :

Pour les communes et les établissements justiciables de la cour des comptes, au 30 juin de la seconde année de l'exercice;

Et pour toutes les autres communes et établissements, au 31 mars de ladite année.

En conséquence, les comptes définitifs d'exercice ne comprendront que les recettes et les payements effectués jusqu'auxdites époques; les crédits demeurés sans emploi seront annulés et les restes à recouvrer et à payer seront reportés de droit et sous un titre spécial au budget de l'exercice pendant lequel la clôture aura lieu. Il en sera de même de l'excédant final que présenterait le compte de l'exercice clos.

2. Aucune dépense ne pourra être ordonnancée passé le 15 du mois de la clôture de l'exercice, et les mandats non payés dans les quinze jours suivants seront annulés, sauf réordonnancement s'il y a lieu, avec imputation sur les reliquats de l'exercice clos reportés au budget de l'année courante.

3. Seront, du reste, appliquées aux budgets et aux comptes des communes et des établissements de bienfaisance les dispositions des articles 8, 9 et 10 de la loi du 23 mai 1834, relativement aux payements à effectuer sur les exercices courants par rappel sur les exercices clos.

4. Sont et demeurent rapportées toutes dispositions contraires à la présente.

5. Nos ministres secrétaires d'Etat aux départements de l'intérieur et des finances sont chargés de l'exécution de la présente ordonnance.

Instructions pour l'exécution de l'ordonnance du 1er mars 1835, relative à la comptabilité des communes et des établissements de bienfaisance, **10 avril 1835.**

Monsieur le préfet, en vous notifiant, par ma circulaire du 5 mars dernier, l'ordonnance royale du 1er du même mois, relative à la comptabilité des communes et des établissements de bienfaisance, je vous ai annoncé que je ne tarderais pas à vous adresser des instructions détaillées pour l'exécution de cette ordonnance : ce sera l'objet de la présente circulaire, dont les dispositions ont été concertées, comme l'avaient été celles de l'ordonnance, avec M. le ministre des finances.

Le système de comptabilité établi pour les communes par les ordonnances des 14 septembre 1822 et 23 avril 1823, appliqué aux établissements de bienfaisance par l'ordonnance du 22 janvier 1831, a eu des résultats satisfaisants pour la bonne gestion des revenus municipaux et hospitaliers. La séparation des exercices, leur clôture définitive à des époques déterminées, et le report des excédants dans un nouveau budget, toutes ces dispositions, qui font la base du système, ont détruit la confusion et par suite l'obscurité qui régnaient dans les écritures et dans les comptes, lorsque les crédits de chaque budget demeuraient indéfiniment à la disposition des ordonnateurs, jusqu'à l'entier achèvement des dépenses.

L'expérience a cependant fait reconnaître que toutes les parties de ce système n'étaient pas également irréprochables, et il a semblé que quelques utiles modifications pouvaient y être apportées. Tel a été le but de l'ordonnance royale du 1er mars 1835.

D'après l'ordonnance du 23 avril 1823, l'exercice n'était clos qu'au 31 décembre de la seconde année. Il en résultait par conséquent que ce n'était que dans les premiers mois de la troisième que la situation de cet exercice pouvait être définitivement établie et connue, c'est-à-dire à une époque où le budget de cette dernière année était déjà arrêté; ce qui ne permettait dès lors de reporter l'excédant de l'exercice clos qu'au budget de la quatrième année. C'est ainsi, par exemple, que l'exercice 1832 ayant été clos le 31 décembre 1833, l'excédant en a été fixé par les conseils municipaux, dans leur session du mois de mai 1834, et reporté au budget de 1835.

De là, retard inévitable dans l'emploi des excédants disponibles, et, par suite, graves embarras pour les services municipaux et hospitaliers : et, en effet, ces services, qui, à défaut d'autres ressources, ne peuvent en général être alimentés que par l'emploi immédiat des excédants libres de la caisse, se seraient le plus souvent trouvés compromis, si l'on n'eût fait fléchir dans l'application les principes de l'ordonnance, en autorisant par anticipation l'emploi de ces bonis aux dépenses de l'année courante. Mais de cette concession faite à la nécessité, et que la nécessité justifiait sans doute, il ne résultait pas moins une déviation des règles constitutives du système de comptabilité, et, par suite, un défaut d'uniformité et de clarté dans les opérations financières des communes et des établissements de bienfaisance.

D'un autre côté, et en supposant qu'on eût pu facilement laisser en réserve dans la caisse les restes libres de l'exercice clos, pendant tout l'intervalle qui devait séparer la clôture dudit exercice de la mise à exécution du budget, dans lequel ces excédants pouvaient être reportés, c'est-à-dire du 31 décembre 1833 au 1er janvier 1835, l'obligation d'insérer, comme premier article, au budget de 1835 l'excédant du compte de 1832, sans avoir aucun égard aux opérations effectuées sur les budgets intermédiaires, pouvait présenter au premier abord, à des administrateurs qu'une étude spéciale n'aurait pas encore familiarisés avec ce mode, quelque chose d'étrange et, s'il faut le dire, de peu conforme aux principes de la comptabilité vulgaire, qui n'admet pour point de départ d'un compte que les résultats du compte précédent, afin d'établir une liaison continue des budgets et des comptes entre eux. Or, cette liaison, qui n'est pas une des moindres conditions de la clarté des opérations comptables, était évidemment impossible dans un système qui, par sa nature même, ne rattachait pas au budget d'une année les résultats de l'année précédente, mais bien ceux de l'année antépénultième.

A ces causes d'embarras et d'obscurité, se joignait un autre inconvénient dont l'expérience a fait reconnaître toute la gravité. L'excédant de l'exercice clos (1832), porté d'après les règles dans le budget de 1835, comme ressource réelle définitivement disponible, et qui ne paraissait plus susceptible d'aucune modification, puisqu'il était le résultat d'un exercice dont toutes les opérations étaient arrêtées sans retour, pouvait cependant se trouver sensiblement altéré et souvent être entièrement consommé avant la mise à exécution du budget (1835), où il figurait pour couvrir des dépenses. Cela arrivait, par exemple, lorsque, dans les années intermédiaires (1833 et 1834), les recettes prévues aux budgets de ces années ne s'étant pas réalisées entièrement, avaient laissé à découvert des dépenses régulièment acquittées en vertu des crédits alloués sur l'espoir de ces recettes; car il avait fallu de toute nécessité payer ces dépenses, en tout ou en partie, au moyen des sommes existant dans la caisse, et qui provenaient du boni de 1832, celui-là même précisément qu'on avait admis comme libre dans le budget de 1835, avant que la situation de 1833 et 1834 fût connue et permît de constater s'il y avait eu diminution dans les recettes présumées de ces deux exercices, et par suite obligation de faire emploi de ce boni. Il y avait donc là une véritable cause de déficit, à laquelle les administrations locales pouvaient d'autant moins se soustraire, que ce déficit se trouvait caché à leurs yeux par le fait même de l'application exacte et rigoureuse du système de comptabilité.

Les instructions ministérielles avaient sans doute cherché à remédier à ces inconvénients; mais ce n'avait pu être qu'au moyen de reports anticipés de tout ou partie de l'excédant de l'exercice clos (1832) dans un des deux budgets intermédiaires (1833 ou 1834) : ce qui constituait des exceptions manifestes aux principes des ordonnances constitutives de la comptabilité. Par suite, impossibilité ou du moins difficulté extrême de parvenir à faire concorder exactement les comptes de l'administration et ceux des receveurs; difficulté telle, en un mot, que malgré les instructions données à différentes époques, celles notamment des 29 mars 1831 et 20 avril 1834, on n'est jamais parvenu à des résultats complétement satisfaisants.

J'ai pensé qu'il convenait, Monsieur le préfet, de présenter d'abord dans toute leur force ces divers inconvénients, afin de bien faire comprendre la portée de l'ordonnance du 1er mars, qui a eu précisément pour but et qui aura pour effet d'y remédier complétement. Clarté dans les budgets et dans les comptes, promptitude dans le mandatement et dans le payement des dépenses, tel est, en résumé, le résultat que le gouvernement s'est proposé d'obtenir, en prenant les nouvelles dispositions dont la présente circulaire va développer les principes généraux et les moyens d'exécution.

Ce qui, dans l'ancien mode de comptabilité, rendait si difficile la liaison d'un compte à l'autre, c'est, comme je l'ai fait remarquer plus haut, l'époque tardive de la clôture de l'exercice. Pour obvier à cet inconvénient, sans renoncer cependant au principe essentiel de la séparation et de la clôture des exercices, il était donc nécessaire de fixer cette clôture à une époque de la seconde année calculée de manière à ce qu'on pût à la fois laisser aux administrations locales le temps de compléter la liquidation et le payement des dépenses de l'exercice (au moins pour la majeure partie), et reporter ensuite, non plus au budget à régler, mais à celui qui se trouverait en cours d'exécution au moment de la clôture, tant l'excédant de l'exercice clos que les restes à recouvrer et à payer dudit exercice.

L'article 1er de l'ordonnance s'occupe de déterminer cette époque, et il admet à cet égard une distinction fondée sur l'importance des comptabilités, et qui se trouvait d'ailleurs indiquée naturellement par la différence des juridictions auxquelles est attribué le jugement des comptes. Ainsi, pour les communes et les établissements non justiciables de la cour des comptes, la clôture de l'exercice aura lieu le 31 mars de la seconde année; tandis que, pour les comptabilités qui ressortissent à cette cour, l'exercice se prolongera jusqu'au 30 juin. Les communes et les établissements qui appartiennent à cette dernière catégorie ayant des revenus d'une certaine importance, et étant par conséquent en position d'entreprendre des dépenses plus considérables, il convenait de leur laisser, pour en compléter la liquidation et le payement, un délai plus long que celui qui pouvait suffire aux autres, dont les recettes et les dépenses plus modiques peuvent être et sont en effet, pour la plupart, terminées dans le premier trimestre de la seconde année de l'exercice.

Dans les explications qui vont suivre, je ne rappellerai plus cette distinction, qu'il suffisait de mentionner une fois pour toutes : ce qui sera dit pour l'une des époques de clôture s'appliquera naturellement à l'autre. Celle du 31 mars étant la première à laquelle sera faite l'application de l'ordonnance, servira plus particulièrement de base aux développements de l'instruction et à la confection des modèles. Enfin, comme c'est à dater de l'exercice 1834 que les nouvelles dispositions doivent être exécutées, j'ai adopté, pour la confection des modèles, le compte de ce dernier exercice.

J'indiquerai seulement ici une modification devenue nécessaire pour l'époque de présentation des budgets. D'après les règlements actuels, c'est dans la session du mois de mai que les conseils municipaux, pour les grandes comme pour les petites communes, délibèrent sur les budgets à régler pour l'année suivante. Maintenant que l'exercice, pour les communes justiciables de la cour des comptes, se clôt au 30 juin, il convient de ne s'occuper du nouveau budget que dans la session du mois d'août, afin que le conseil municipal puisse statuer à la fois sur la clôture de l'exercice (1834), sur le report au budget supplémentaire de 1835 des restes à recouvrer et à dépenser et sur le règlement du budget de 1836. Quant aux communes non justiciables de la cour des comptes, et pour lesquelles la clôture de l'exercice a lieu au 31 mars, elles continueront à délibérer leur budget dans la session du mois de mai, conformément aux règles actuelles.

En fixant de nouvelles époques de clôture, l'ordonnance du 1er mars consacre par cela même de nouveau et d'une manière formelle le principe de la séparation des exercices. Ainsi, comme précédemment, les crédits ouverts par le budget d'une année ne pourront être employés qu'à des dépenses effectuées dans l'année même, c'est-à-dire du 1er janvier au 31 décembre. Les mois de la seconde année ne sont accordés que pour payer les dépenses faites et non pour en faire de nouvelles. Tout crédit alloué pour une dépense qui n'a pas été entreprise dans le cours de l'année est donc annulé de droit au 31 décembre, et si la dépense a été faite en partie, il n'y a d'annulé que la portion de crédit qui excède le montant de la dépense effectuée. Cette règle d'ordre doit être observée avec d'autant plus de rigueur, que la nouvelle ordonnance, comme on le verra ci-après, donne à l'administration toute latitude pour reprendre au budget suivant ces crédits ou portions de crédits annulés, de telle sorte que les services n'éprouvent aucune espèce d'interruption.

Indépendamment de cette annulation

de crédits correspondant à des dépenses ou parties de dépenses non effectuées au 31 décembre, il y a encore les crédits qui, à cette dernière époque, restaient à la disposition des ordonnateurs jusqu'au 31 mars suivant, pour le payement des dépenses faites dans la première année. Si au 31 mars ces crédits n'ont pas été matériellement employés par des payements effectifs, ils sont également annulés; et, comme pour ceux dont il a été parlé ci-dessus, les sommes provenant de leur annulation sont acquises aux ressources de 1835.

Mais l'ordonnance du 1er mars fait ici une distinction d'où résulte une modification importante aux précédentes règles. Sous l'empire de l'ordonnance du 23 avril 1823, les crédits annulés, soit parce que la dépense n'avait pas été effectuée avant le 31 décembre de la première année de l'exercice, soit parce que le payement n'avait pas eu lieu avant l'expiration de la seconde année; tous ces crédits, quelle que fût la cause de leur annulation, ne pouvaient plus revivre et être remis à la disposition des ordonnateurs sans un crédit nouveau, autorisé dans les formes ordinaires. Cette règle était juste en ce qui concerne les crédits annulés, à défaut par l'administration d'avoir fait la dépense. Il faut bien que le conseil municipal ou l'administration charitable, ainsi que l'autorité supérieure, apprécient les causes qui ont empêché la dépense, et qu'ils puissent, s'il y a lieu, décider, ou que cette dépense sera ajournée, ou qu'on y renoncera définitivement, ou bien enfin qu'elle sera reprise. Mais il n'en est pas de même des dépenses faites et qui restent seulement à payer : comme elles ont été effectuées en vertu du budget et qu'il ne s'agit plus que de solder les fournisseurs, il ne peut y avoir lieu de les examiner de nouveau, ni de mettre le payement en question. L'annulation des crédits n'est, dans ce cas, qu'une affaire de forme qui n'a pas pour effet de rendre aux conseils municipaux ou aux commissions administratives la libre disposition des sommes provenant des crédits annulés; car ces sommes sont le gage des fournisseurs et n'appartiennent plus, à proprement parler, à la commune ou à l'établissement charitable. Soumettre l'emploi de ces fonds à la nécessité d'un nouveau crédit, c'était retarder par une formalité complétement inutile le payement des créanciers et nuire à leurs intérêts comme à ceux des administrations elles-mêmes, dont le crédit souffre toujours plus ou moins de ces retards.

L'article 3 de l'ordonnance du 1er mars a remédié à cet inconvénient, en déclarant que les dispositions des articles 8, 9 et 10 de la loi du 23 mai 1834, en ce qui concerne la comptabilité de l'Etat, seraient appliquées à celle des communes et des établissements de bienfaisance. Ceci exige quelques explications:

L'ordonnance n'a pas déclaré simplement *applicables* aux budgets et aux comptes des communes et des établissements charitables les articles de la loi du 23 mai ci-dessus indiqués ; elle s'est exprimée avec plus de justesse, en disant que les *dispositions* de ces articles *seraient appliquées* à ces comptabilités. En effet, la lecture seule de ces articles, rédigés pour les budgets et les comptes de l'Etat, et qui ont été conçus pour les besoins d'un système qui laisse aux exercices une durée plus longue que celle qui est déterminée par l'ordonnance du 1er mars pour la comptabilité communale et hospitalière, suffit pour démontrer qu'ils ne sauraient être applicables, dans toute la rigueur de leurs termes, à ces dernières comptabilités. L'ordonnance, en déclarant seulement que les dispositions en seraient appliquées aux budgets et aux comptes des communes et des établissements de bienfaisance, a voulu laisser à l'administration supérieure le soin de régler cette application de manière à ce que les principes de la loi et ceux de l'ordonnance nouvelle fussent mis en parfaite harmonie.

Or, quels sont les principes qui résultent des articles 8, 9 et 10 de la loi du 23 mai 1834? 1° Nonobstant la clôture des exercices et l'annulation des crédits, les dépenses qui avaient été faites en exécution de ces crédits, et qui restent à payer, peuvent être soldées sur le budget de l'exercice courant, au moyen d'un simple report à un chapitre spécial et sans nouvelle allocation. Cette disposition se trouve naturellement appliquée à la comptabilité des communes et des établissements de bienfaisance par l'ordonnance du 1er mars, qui veut que les restes à payer soient reportés *de droit*, et sous un titre spécial, au budget de l'année pendant laquelle la clôture aura lieu. Il en résulte, par conséquent, que les dépenses faites avant le 31 décembre 1834, et qui n'auront pas été acquittées au 31 mars suivant, pourront, ainsi qu'il a été dit, être payées sur le budget de 1835, *de droit* et sans allocation nouvelle, puisque les sommes provenant de crédits correspondants de 1834, annulés par la clôture de l'exercice, y auront aussi été reportés.

2° La loi du 23 mai 1834 ajoute que ces dépenses, ainsi acquittées sur l'exercice courant par rappel sur les exercices clos, devront se renfermer exactement dans la limite des crédits primitifs. Ce principe, qui complète celui de l'ordonnance, est nécessairement applicable à la comptabilité des communes et des établissements de bienfaisance. Il est seulement à remarquer que cette nécessité de ne pas dépasser les crédits doit s'entendre ici des crédits par *articles* et non par des crédits par *chapitres*, comme le porte la loi : ce dernier mode de procéder est en effet particulier aux budgets de l'Etat, où la spécialité des crédits n'a lieu que par chapitres. Il en est autrement pour les communes et les établissements de bienfaisance, à l'égard desquels cette spécialité est réglée par *articles.*

3° Un autre principe de la loi, qui devra être également appliqué à la comptabilité communale et hospitalière, c'est que les restes à payer qui, par oubli ou pour toute autre cause, n'auraient pas été régulièrement constatés à la fin de l'exercice, et dont les crédits n'auraient pas été par conséquent nominativement reportés au budget courant, ne pourront plus être acquittés qu'au moyen de crédits supplémentaires; cette mesure est indispensable pour éviter la confusion des opérations comptables.

4° Enfin la loi veut que les comptes annuels de l'Etat présentent distinctement les crédits annulés sur les exercices clos et les payements faits ensuite de ces crédits sur les exercices courants. C'est ce qui aura lieu naturellement pour les communes et les établissements de bienfaisance, puisque, d'après l'ordonnance du 1er mars, toutes les opérations de l'exercice clos sont immédiatement reportées et rentrent, dès lors, de droit dans les comptes de l'année suivante.

La loi parle des payements faits *jusqu'aux termes de déchéance* fixés par l'article 9 de la loi du 29 janvier 1831. Il est bon de rappeler à cet égard que si, d'après cette loi, les créanciers de l'Etat qui ont laissé passer cinq années sans réclamer la liquidation et le payement de leurs créances sont déchus de leurs droits, il n'en saurait être de même pour les communes et les établissements de bienfaisance, qui, pour les prescriptions, sont soumis aux mêmes règles que les particuliers. Cette disposition ne leur est donc pas applicable.

Je me suis jusqu'ici occupé, Monsieur le préfet, de faire ressortir les inconvénients auxquels l'ordonnance du 1er mars avait voulu remédier, et j'ai exposé les principes généraux qui ressortent des nouvelles dispositions adoptées. Il reste à en suivre l'exécution dans ses détails particuliers et à la rendre sensible par des modèles d'application.

Mais avant d'entrer dans ces développements, j'ai besoin, Monsieur le préfet, d'arrêter votre attention sur la marche que j'ai suivie. J'ai pris pour point de départ la session du mois de mai prochain et l'exercice 1834; mais, à cette époque, il y aura transition de l'ancien système de comptabilité au nouveau, de sorte que les opérations faites en 1834 auront été effectuées d'après les règles de l'ordonnance du 23 avril 1823, et conformément aux modèles prescrits par les instructions données pour l'exécution de cette ordonnance;

tandis que les opérations à faire pour le report des restes actifs et passifs de 1834 au budget de 1835, et la formation du budget de 1836, devront être déterminées par les principes de l'ordonnance du 1er mars 1835. Pour bien faire saisir l'ensemble du nouveau système, il a donc été nécessaire d'en montrer l'application à la fois pour 1834 et pour 1835, c'est-à-dire que les modèles qui sont joints à la présente circulaire ont été conçus de manière à ce qu'on pût suivre les opérations de comptabilité dans les budgets et dans les comptes depuis 1834 jusqu'à 1836. Cette comptabilité figurée aidera beaucoup à l'intelligence du nouveau système, et je ne puis que vous inviter particulièrement à mettre ces modèles sous les yeux des maires et des receveurs municipaux ; j'ai, au surplus, adopté de préférence, pour servir d'exemples, la comptabilité d'une petite commune : il sera toujours facile aux communes plus importantes d'appliquer à leurs opérations des explications et des modèles conçus sur une moindre échelle.

Au mois de mai prochain, les conseils municipaux des communes, réunis pour leur session ordinaire, auront, pour entrer dans le mode de comptabilité qui résulte de la nouvelle ordonnance, trois opérations distinctes à faire. La première est d'effectuer la clôture de l'exercice (1834), et d'en arrêter la situation ;

La seconde, de reporter par supplément au budget courant (1835) les restes à recouvrer et à payer, ainsi que l'excédant de l'exercice clos :

La troisième, de procéder à la formation du budget de 1836.

1° *Clôture de l'exercice* 1834. Les circulaires des 29 mars 1831 et 20 avril 1834 ont indiqué les principaux éléments de cette opération et comment il convenait d'y procéder. Il suffirait presque de se référer à ces actes ; car les principes sont à peu près les mêmes. Cependant il a paru utile de rappeler ici l'ensemble de l'opération, en l'accompagnant de quelques développements nouveaux, à raison des modifications qu'exige l'ordonnance du 1er mars 1835.

Au moment où arrive la clôture de l'exercice, c'est-à-dire au 31 mars, le maire devra, de concert avec le receveur, dresser un état des dépenses faites au 31 décembre précédent et qui n'ont pas été payées, soit parce que les entrepreneurs ou les fournisseurs n'ont pas produit en temps utile les pièces nécessaires pour la liquidation de leurs créances, soit parce qu'ils n'auraient pas réclamé avant le 31 mars le payement des mandats qui leur ont été délivrés (*modèle n° 1*). Cet état, qui devra être certifié conforme aux écritures, tant par le receveur que par le maire, sous leur garantie et leur responsabilité respectives, restera entre les mains du comptable, qui sera provisoirement autorisé à solder sur les fonds de sa caisse les restes à payer constatés audit état, sans pouvoir toutefois dépasser la limite des crédits ouverts au budget primitif pour l'article de dépense qui reste à payer.

Cet état sera ensuite, à la session de mai, soumis au conseil municipal, en même temps que le compte de l'exercice clos et les autres pièces qui doivent servir d'éléments à la délibération par laquelle le conseil municipal procédera au règlement définitif des recettes et des dépenses de l'exercice expiré, et déterminera les reports qui devront composer le budget supplémentaire dont il sera parlé plus loin.

Le compte d'exercice que le maire aura à préparer sera conforme au modèle ci-joint n° 2. Il présentera, par colonnes distinctes et en suivant l'ordre des chapitres et des articles du budget;

En Recettes,

1° La désignation de la nature de recette ;

2° L'élévation admise par le budget;

3° La fixation définitive de la somme à recouvrer, d'après les titres justificatifs;

4° Les sommes recouvrées pendant l'année du budget et pendant les premiers mois de la seconde année ;

5° La somme restant à recouvrer.

En Dépenses, le compte présentera :

1° La désignation des articles de dépenses admis par le budget;

2° Le montant des crédits;

3° Le montant des sommes payées sur ces crédits, soit dans la première année, soit dans les premiers mois de la seconde;

4° Les restes à payer, à reporter au budget de l'exercice suivant (1835);

5° Les crédits ou portions de crédits à annuler, faute d'emploi, dans les délais prescrits.

Le maire joindra d'ailleurs à ce compte de deniers tous les développements et les explications qui en doivent former la partie morale, et qui doivent servir, tant au conseil municipal qu'à l'autorité supérieure, à apprécier les actes administratifs du maire pendant l'exercice qui vient de se terminer. Il faut bien remarquer que ce compte n'est pas, comme celui du receveur, dont il sera parlé ci-après, un compte de gestion, qui embrasse tous les faits accomplis dans le cours de l'année, à quelque exercice qu'ils appartiennent : c'est un compte d'exercice qui, partant du budget de 1834, présente les opérations en recette et en dépense faites en exécution de ce budget, depuis le 1er janvier 1834 jusqu'au 31 mars 1835. Mais, comme dans les premiers mois de chaque année les maires auront à suivre à la fois deux exercices, il est important qu'ils ne fassent entre eux aucune confusion. Ainsi, au 1er janvier 1835, les maires ont commencé l'exécution du budget de cette année, et en même temps ils ont, pendant les trois premiers mois et jusqu'au 31 mars, continué les opérations de l'exercice 1834. Ces opérations, qui complètent ce dernier exercice, doivent naturellement entrer dans le compte de 1834; mais celles qui se sont faites en même temps, pendant les trois premiers mois de 1835, sur le budget de 1835, n'ont rien de commun avec celles qui terminaient l'exercice 1834, et le maire ne doit pas les faire entrer dans le même compte. Ces opérations, propres à 1835, figureront dans le compte de cet exercice que le maire rendra en 1836.

Pour établir un contrôle réciproque entre les comptes du maire, l'ordonnateur et ceux des receveurs, les précédents règlements avaient ordonné qu'au compte du maire serait jointe une expédition du compte du receveur. Cette disposition, littéralement suivie, occasionnait quelquefois une confusion qui rendait obscure la comptabilité, et contre laquelle il convient de prémunir les administrations municipales et hospitalières.

J'ai fait remarquer plus haut que, tandis que les maires rendent des comptes d'exercice, les comptables rendent des comptes de gestion, c'est-à-dire que le receveur réunit dans le même compte (1835, par exemple), les opérations qu'il a faites depuis le 1er janvier jusqu'au 31 décembre de la même année, soit que ces opérations appartiennent au budget de l'année du compte (1835), soit qu'elles se rapportent à l'exercice 1834, qui s'est terminé dans les premiers mois de 1835. Tandis que l'administration rend, comme il a été dit, un compte qui présente la situation de l'exercice depuis le 1er janvier 1834 jusqu'au 31 mars 1835, en laissant de côté ce qui a été fait dans ces trois premiers mois de 1835, sur le budget de 1835, le receveur, au contraire, partant du 1er janvier, s'arrête au 31 décembre et réunit toutes les opérations faites, dans cet espace de temps, sur les deux exercices, qui suivaient à la fois leurs cours : ainsi, différence dans la période de temps qu'embrassent les deux comptes et différence dans les faits qu'ils décrivent. Il est donc tout simple que les résultats de ces deux comptes ne présentent pas le même chiffre : cependant, le modèle du compte de gestion des receveurs, aujourd'hui en usage, a été conçu de manière à ce qu'on pût suivre distinctement les opérations qui, dans le compte d'une année (1835), se rapportent à l'exercice clos (1834); c'est ce qui fait l'objet de la *première partie* du compte des receveurs. Or, en détachant cette première partie, on aura un véritable compte d'exercice qui ne pourra que concorder exactement avec celui du maire, puisqu'il embrasse la même période et décrit les mêmes opérations. C'est cette première partie du compte qui devra être jointe au compte d'administration que le maire rendra au conseil municipal dans sa session du mois de mai. Mais une difficulté semble se présenter qu'il importe de résoudre dès à présent. Le receveur n'aura, d'après les règlements actuels, auxquels il n'est aucunement dérogé sous ce rapport, à présenter son compte de la gestion de 1835, qui contient dans sa première partie les opérations finales de 1834, qu'au mois de mai de l'année 1836. Comment cette première partie, qui est, comme on l'a fait remarquer, un véritable compte de l'exercice 1834, pourra-t-elle, dès lors, être rapportée à l'appui du compte administratif que le maire va rendre au mois de mai 1835? Cette difficulté n'est qu'apparente. Les receveurs, en effet, étant obligés par la nouvelle ordonnance de clore leur payement sur l'exercice 1834 au 31 mars de l'année 1835, il en résulte qu'après cette époque rien ne peut plus être changé à la situation de l'exercice clos, et que, bien que les receveurs n'aient à rendre le compte officiel des opérations de ces trois mois qu'avec le compte général de la gestion de 1835, ils sont en mesure, dès le mois d'avril, d'en établir séparément la situation. Les instructions actuelles leur imposent même l'obligation de le faire : car ces comptables sont tenus de fournir tous les trois mois un bordereau de situation, qui constate les recettes et les dépenses effectuées par eux dans le cours du trimestre. Ce bordereau, formé par le relevé de leurs écritures, est un véritable compte, et il peut servir à faire connaître avec la plus grande exactitude la situation de l'exercice clos.

En conséquence, les receveurs continueront à produire leurs comptes de gestion aux époques et de la manière précédemment fixées ; mais dans la première quinzaine d'avril ou de juillet, suivant la classe de la commune ou de l'établissement, ils dresseront, d'après leurs écritures, un état de situation de l'exercice clos, conforme au modèle ci-joint n° 2, qui devra faire ressortir les recouvrements effectués et les restes à recouvrer, les dépenses faites et les restes à payer, ainsi que les crédits annulés, et enfin l'excédant définitif des recettes. Cet état sera remis par eux au maire ou à l'administration charitable, pour être joint comme pièce justificative au compte de l'administration, et pour servir au règlement définitif des recettes et des dépenses de l'exercice clos.

Au moyen des documents dont il vient d'être parlé, le maire préparera le procès-verbal de ce *règlement définitif* qu'il soumettra à la délibération du conseil municipal dans sa session ordinaire. Le conseil, pour vérifier l'exactitude de la situation qui lui est présentée, se fera remettre sous les yeux, 1° le budget de l'exercice clos et tous les titres et les autorisations supplémentaires qui s'y rattachent ; 2° l'état des restes à payer dressé par le maire et le receveur, et dont il a été parlé ci-dessus ; 3° le compte du maire et l'état de situation du receveur dont la formation vient d'être prescrite, et qui constatent en même temps les recouvrements et les payements effectués pendant le cours de l'exercice, les restes à recouvrer et les crédits annulés faute d'emploi.

Le conseil procédera alors au règlement de l'exercice clos, comme il est dit dans la circulaire du 20 avril 1834.

Quant aux *recettes*, il s'assurera que les sommes portées au budget, et qui n'étaient que des évaluations, ont été ramenées dans le compte au chiffre des produits réels résultant des titres définitifs, tels que contrats de vente, baux, procès-verbaux d'adjudication de coupe de bois ou de toute autre nature de revenus ; ensuite, rapprochant la somme de ces produits à recouvrer du montant des recouvrements opérés par le receveur, il examinera s'il reste encore des parties à recouvrer et il appréciera les motifs du non-recouvrement.

En général, les receveurs étant responsables de toutes les sommes à recouvrer d'après les budgets, aux époques fixées par les titres justificatifs des créances, les instructions leur prescrivent de se charger en recette dans leurs écritures, et avant la formation de leurs comptes, de tous les produits constatés. Il ne saurait donc y avoir de restes à recouvrer justifiés que ceux qui proviendraient, soit de non-valeurs, dans le cas de l'insolvabilité reconnue des débiteurs, soit des créances litigieuses et pour lesquelles des poursuites seraient entamées, ou qui dépendraient par exemple, d'une succession non liquidée, ou enfin de toute autre circonstance imprévue et accidentelle.

Dans ces différents cas, le conseil municipal, en arrêtant le chiffre de ces restes à recouvrer, exprimera son avis sur les causes des retards et proposera, s'il y a lieu, d'en mettre le montant, en tout ou en partie, à la charge du receveur. A l'égard des sommes qui seraient reconnues irrecouvrables, par suite de l'insolvabilité constatée des débiteurs ou de la caducité des créances, et sans qu'il puisse être reproché aucune négligence au receveur, il pourra en provoquer l'allocation en non-valeurs; mais dans aucune de ces circonstances le conseil n'apportera des modifications au chiffre des comptes présentés, attendu qu'il ne peut qu'exprimer des vœux à cet égard, le règlement définitif des comptabilités étant attribué par les règlements, soit à la cour des comptes, soit au conseil de préfecture.

Pour constater les *dépenses*, le conseil municipal comparera, avec les crédits ouverts par le budget et par les autorisations supplémentaires, le montant des dépenses effectuées sur chacun de ces crédits, et il s'assurera qu'elles n'en excèdent pas les limites. Au cas contraire, il en fera l'objet d'une observation, pour que l'excédant de dépenses irrégulièrement payé soit laissé à la charge du receveur, conformément aux règlements. Le plus ordinairement les crédits n'auront pas été employés en totalité, et le compte présentera des restes libres annulés par le fait de la clôture de l'exercice. Le conseil vérifiera parmi ces excédants de crédits ceux qui sont de nature à être définitivement annulés, parce que les dépenses auxquelles ils avaient été affectés, en tout ou en partie, n'ont pas été faites avant le 31 décembre de la première année de l'exercice (1834), et les distinguera des autres crédits qui, s'appliquant à des dépenses faites, mais non liquidées ou payées avant le 31 mars de la seconde année 1835, ne sont annulés que pour ordre, et doivent être immédiatement reportés au budget de l'exercice courant (1835), sous un titre spécial. Cette nature d'excédants de crédits se trouve détaillée dans l'*état des restes à payer*, dont la formation a été prescrite ci-dessus, et dont j'ai donné le modèle (n° 1).

Les opérations du conseil municipal, pour le règlement définitif des recettes et dépenses de l'exercice clos, se bornent, comme on le voit, à une vérification, à un contrôle des comptes et des pièces qui lui sont soumis. J'ai indiqué comment cette vérification pouvait être faite utilement, et sur quels documents la discussion et l'examen devaient porter. Le conseil pourra donc, en connaissance de cause, arrêter le chiffre des recouvrements et celui des payements effectués pour l'exercice clos, et, en les comparant, faire ressortir le boni applicable aux dépenses de 1835.

Si, au lieu d'un excédant de recettes, il y avait, comme il peut arriver dans le cas prévu par la circulaire du 20 avril 1834, un excédant de dépenses, il conviendrait alors simplement de suivre pour ce cas la marche indiquée par cette même circulaire, page 5. Il suffit de s'y référer.

Cet examen fait, le conseil municipal en consignera les résultats dans une délibération dont la formule a été indiquée dans la circulaire du 20 avril 1834, et qui doit être exactement suivie par tous les conseils municipaux.

Report des restes à recouvrer et à payer, et de l'excédant de l'exercice clos. — L'ordonnance du 1er mars prescrit de reporter au budget de l'année (1835), pendant laquelle a lieu la clôture de l'exercice (1834), les restes à recouvrer et à payer, ainsi que l'excédant dudit exercice clos. Ce report doit, d'après l'ordonnance, être fait par un *titre spécial*, c'est-à-dire que les sommes reportées de 1834, tant en recette qu'en dépense, ne doivent pas être confondues avec les autres recettes et dépenses propres à l'exercice courant (1835), parce qu'il importe qu'on puisse conserver la trace de l'origine de ces allocations, de manière à les rattacher au crédit dont elles dépendaient primitivement. Ainsi, par exemple, s'il s'agit de travaux, il est utile que l'autorité qui juge les comptes puisse toujours facilement, lorsqu'elle trouvera dans le compte de 1835 des dépenses reportées dans cet exercice, par continuation de l'exercice précédent, rapprocher les portions de crédits reportés du crédit primitif au budget de 1834, et apprécier ainsi l'ensemble du service fait en exécution de ce crédit.

Pour réaliser en ce point le système de l'ordonnance du 1er mars, il a fallu introduire dans le cadre des budgets deux nouveaux chapitres distincts du budget primitif, qui seront formés supplémentairement dans la session de mai, époque où les reports de l'exercice clos seront établis, et ils seront rattachés au budget courant (1835) suivant le mode qui va être déterminé, et conformément au modèle ci-joint, n° 6. Les cadres actuellement en usage pour les budgets communaux recevront donc les modifications suivantes :

Ils seront divisés d'abord en deux titres principaux, savoir : *Titre Ier. — Recettes. Titre II. — Dépenses.* Chacun de ces titres sera subdivisé en chapitres. Pour le titre des recettes : *Chapitre Ier. — Recettes ordinaires. Chapitre II. — Recettes extraordinaires.* Pour le titre des dépenses : *Chapitre Ier. — Dépenses ordinaires. Chapitre II — Dépenses extraordinaires.* Les deux chapitres additionnels prendront le n° 3. En recette : *Chapitre III. — Recettes supplémentaires.* En dépense : *Chapitre III. Dépenses supplémentaires.* Ces chapitres additionnels seront l'un et l'autre partagés en deux sections. La première (*chapitre des Recettes supplémentaires*) contiendra, 1° le report de l'excédant de l'exercice clos, dans lequel se trouve le montant des sommes provenant des crédits ou portions de crédits annulés, faute d'emploi, au budget précédent ; 2° les restes à recouvrer de l'exercice clos. La même section première (*chapitre des Dépenses supplémentaires*) contiendra les reports des crédits ou portions de crédits reportés du budget précédent, pour restes à payer, sur les crédits annulés de 1834. Cette dernière section, qui ne sera, au surplus, que la reproduction littérale de l'état des restes à payer sur l'exercice courant, par rappel sur l'exercice clos dressé par le maire et le receveur, en exécution des dispositions précédentes, devra toujours naturellement présenter des sommes égales à celles constatées par cet état. Cette concordance fournira la preuve que la disposition de l'article 10 de la loi du 23 mai 1834, qui prescrit de ne point dépasser, dans les payements à faire sur l'exercice courant, par rappel sur l'exercice clos, le montant des crédits alloués au budget primitif, a été scrupuleusement exécutée.

La section II du chapitre des *recettes supplémentaires* recevra toutes les recettes, de quelque nature qu'elles soient, et qui, non prévues au budget primitif (1835), seraient autorisées supplémentairement dans le cours de l'année (1835), telles, par exemple, qu'un legs ou une donation, un secours extraordinaire, un remboursement de capitaux, en un mot, tout recouvrement qui ne rentrerait pas, par sa nature, dans l'un des articles de recettes prévus au budget primitif.

Il en sera de même de la section II du chapitre des *dépenses supplémentaires.* Cette section recevra tous les crédits supplémentaires qui auront été ou seront autorisés sur l'exercice courant (1835).

Quelques explications sont nécessaires à cet égard. On vient de voir que la section 1re du chapitre des dépenses supplémentaires ne recevait que le report des restes à payer de l'exercice clos, c'est-à-dire les crédits ou portions de crédits annulés au 31 mars, parce que les dépenses auxquelles ils se rapporteraient, bien que faites au 31 décembre 1834, n'avaient pas été soldées par un payement effectif au 31 mars 1835. Mais à l'égard des crédits annulés de fait au 31 décembre 1834, faute par l'administration d'avoir fait à cette époque les travaux ou autres dépenses auxquels ils étaient affectés, on n'a pas oublié que le report au budget suivant (1835) n'avait pas lieu de droit, et qu'il fallait, pour qu'emploi en pût être fait, qu'ils fussent alloués de nouveau par l'autorité supérieure, sur le vote du conseil municipal ou de la commission administrative. La section II, dont il est question dans le paragraphe précédent, recevra ces crédits ainsi reportés, de sorte que les dépenses commencées en 1834, et dont une partie se serait trouvée suspendue par le fait de l'annulation des crédits, pourront être continuées à peu près sans interruption dans l'exercice suivant. Il sera bon, pour l'ordre de la comptabilité, d'indiquer que ces crédits supplémentaires sont la reproduction de crédits annulés du budget précédent.

Indépendamment de ces crédits ainsi reproduits, les conseils municipaux et les administrations charitables pourront, dans les limites du boni resté libre sur l'exercice clos, et compris au chapitre Ier des recettes supplémentaires, et des autres sommes disponibles sur l'ensemble du budget, demander l'allocation de crédits nouveaux pour dépenses à effectuer dans l'exercice (1835) : ces crédits seront également portés à la section II du chapitre des *dépenses supplémentaires.*

De la formation des deux chapitres additionnels au budget de chaque exercice, et qui se reproduiront naturellement dans le compte, il résulte que le budget primitif ne recevra aucune modification par suite des recettes et des dépenses autorisées supplémentairement dans le cours de l'exercice, puisque les crédits, par exemple, accordés supplémentairement pendant l'année, sur tels ou tels articles de dépenses déjà portés au budget primitif, au lieu d'être ajoutés au montant de ces articles et d'en augmenter le chiffre, figureront à part dans un titre spécial. Par conséquent, il y aura lieu de supprimer, comme étant désormais sans objet, dans le modèle de compte, la colonne qui, à côté du crédit primitif du budget, sert à indiquer les crédits supplémentaires qui s'y rapportent et qui en ont modifié la somme.

La délibération qui aura lieu, soit au mois de mai, soit au mois d'août, pour former les chapitres additionnels *des recettes et des dépenses supplémentaires*, offrant une occasion naturelle de compléter, soit en recette, soit en dépense, le budget primitif de l'exercice, il sera bon, autant que possible, de réserver pour cette époque les demandes de crédits supplémentaires, de manière à rentrer entièrement dans l'exécution de la circulaire du 20 avril 1834, qui recommandait expressément aux administrations locales de ne point multiplier ces sortes de demandes pendant le cours de l'exercice. Cependant, cette disposition, qui a été surtout dictée par le désir d'abréger et de simplifier la correspondance, ne devrait pas être entendue et appliquée dans un sens tellement absolu, qu'elle devînt une gêne et une entrave pour le service. Ainsi, elle ne ferait pas obstacle à ce qu'avant ou après la formation du titre spécial les administrations, en cas d'urgence, pussent demander et obtenir les crédits qui leur seraient indispensables pour pourvoir à une dépense qu'il ne serait pas possible d'ajourner sans inconvénients. On pourrait même agir ainsi à l'égard du report des crédits ou portions de crédits annulés, à défaut d'emploi, au 31 décembre. En supposant, par exemple, qu'il s'agît de constructions pour lesquelles un crédit de 30,000 fr. aurait été ouvert au budget de 1834 : s'il n'y avait eu, au 31 décembre de cette année, que pour 20,000 fr. de travaux effectués, les 10,000 fr. restant à dépenser sur le crédit se seraient trouvés annulés, et, pour en reprendre la disposition, l'administration locale aurait eu besoin de nouveaux crédits. Or, dans cette position, il ne serait pas toujours possible d'attendre la formation du *titre spécial*, c'est-à-dire le mois de mai ou le mois d'août, pour faire créditer à nouveau des dépenses qui, étant en cours d'exécution lorsqu'est arrivée la fin de l'année (1834), doivent, par leur nature même, se poursuivre sans interruption dès le commencement de l'année suivante (1835). Dans ce cas, l'administration, pour éviter tout retard, pourrait faire immédiatement délibérer le conseil municipal, ou la commission administrative, sur le renouvellement des crédits annulés au 31 décembre. Comme les nouveaux crédits à ouvrir s'impute-raient naturellement sur la somme même des crédits annulés, il ne pourrait y avoir aucune difficulté à les autoriser immédiatement, sans attendre le règlement définitif de l'exercice. Seulement, lorsqu'il serait procédé à ce règlement et à la formation des chapitres additionnels des recettes et dépenses supplémentaires, on aurait soin de comprendre par rappel, dans le chapitre II, ces crédits approuvés d'urgence, afin d'obéir à la règle posée ci-dessus, et qui veut que toute recette et dépense supplémentaire, autorisée dans le cours de l'exercice, figure distinctement au titre spécial qui est ajouté à cet effet au budget primitif. Le modèle n° 11, joint à la présente instruction, offre un exemple de cette opération.

Vous reconnaîtrez, Monsieur le préfet, que ces diverses dispositions répondent à l'esprit de l'ordonnance du 1er mars, qui a été principalement d'écarter les obstacles que les formes de la comptabilité opposaient aux administrateurs pour la prompte disposition des fonds libres après la clôture des exercices. Mais plus sont grandes les facilités qui vont désormais leur être offertes, plus ils doivent mettre de soin et de scrupule à observer les nouvelles formalités prescrites, afin d'éviter qu'il ne s'introduise quelque confusion dans dans leur comptabilité. C'est, en effet, ce qui arriverait infailliblement si on poussait à l'abus l'usage de la latitude accordée sur certains points. Il appartiendrait alors à MM. les préfets, chargés de la surveillance des comptabilités municipales et hospitalières, de prendre les mesures nécessaires pour réprimer les irrégularités. Par exemple, on a vu plus haut qu'en exécution de l'ordonnance, les restes à payer au 31 mars de la seconde année de l'exercice (1834) sont reportés de droit au budget de l'exercice courant (1835), de manière à ce que le payement des dépenses faites ne soit pas arrêté. Mais il ne faudrait pas que, comptant sur cette facilité, les administrations locales en profitassent pour se dispenser de presser la liquidation des dépenses, et d'en terminer le payement dans la limite assignée à la durée de chaque exercice. Si donc les reports des restes à payer tendaient à se multiplier, l'autorité administrative supérieure en examinerait sévèrement les causes, et ferait les injonctions nécessaires pour arrêter ce désordre. Dans ce but, il a été réglé, dès à présent, de concert entre les ministères de l'intérieur et des finances, que les crédits reportés de l'exercice clos (1834) sur l'exercice suivant (1835), pour restes à payer, doivent être nécessairement employés dans la limite de ce nouvel exercice, c'est-à-dire avant le 31 mars 1836, et ne pourraient plus être reportés de 1835 à 1836. Faute d'emploi, ils seront définitivement annulés, et ne pourront plus revivre qu'en vertu de nouveaux crédits supplémentaires, autorisés dans les formes prescrites.

. . . .

Disposition transitoire. — D'après la nouvelle ordonnance, l'exercice 1834 est clos au 31 mars 1835, et d'après celle du 23 avril 1823, l'exercice 1833 a été clos au 31 décembre 1834. C'est à la session du mois de mai qu'aux termes des anciennes instructions doit être fait le règlement définitif de ce dernier exercice. Les administrations municipales auront donc cette année à s'occuper à la fois de la clôture de deux exercices.

A cet effet, elles procéderont au règlement de celui de 1834 comme il a été dit dans la présente circulaire, et pour celui de 1833 conformément à ce qui est prescrit par les anciennes instructions; seulement, au lieu de transporter l'excédant du compte de 1833 au budget de 1836, elles le réuniront à l'excédant de 1834, et le tout sera porté aux chapitres supplémentaires du budget de 1835, de manière à rentrer immédiatement dans le système de l'ordonnance du 1er mars.

En entrant dans tous les détails techniques de comptabilité qui ont fait le sujet des dispositions qui précèdent, je ne me suis pas dissimulé, Monsieur le préfet, ce que ces instructions, pour être bien comprises et exactement appliquées, demandaient d'attention et d'étude; mais j'ai jugé qu'en prescrivant des mesures nouvelles, il convenait d'en indiquer les motifs et le but, et j'ai compté sur votre concours pour apprécier, suivant les localités, jusqu'à quel point il pourrait être nécessaire, en notifiant ces présentes instructions aux administrations municipales et hospitalières, d'élaguer quelques développements ou de compléter les parties où des explications additionnelles vous sembleraient utiles. Je n'ai pas besoin, au surplus, de vous rappeler que ces instructions, dans leur ensemble, s'appliquent aussi bien à la comptabilité des hospices et des bureaux de bienfaisance qu'à celle des communes.

Jusqu'ici je me suis occupé de faire ressortir les modifications que l'ordonnance du 1er mars doit apporter aux formes actuelles de la comptabilité municipale et hospitalière, et les détails dans lesquels on est entré suffiront sans doute pour que l'application immédiate des nouvelles mesures se fasse partout sans difficulté. Mais avant de terminer ces instructions, il a paru utile d'en prendre occasion pour indiquer quelques autres dispositions qui, sans résulter de l'ordonnance du 1er mars, se rattachent cependant à la comptabilité des communes et des établissements de bienfaisance.

1° L'arrêté du 19 vendémiaire an XII impose aux receveurs l'obligation de veiller à la conservation des biens et des revenus des communes et des hospices dont ils gèrent les revenus, d'avertir les administrateurs de l'échéance des baux, d'empêcher les prescriptions, de requérir l'inscription des priviléges et hypothèques, et le renouvellement des titres. Il est inutile de faire remarquer de quelle importance sont ces dispositions pour la garantie de la fortune des communes et des établissements. Cependant, cette responsabilité devient presque entièrement illusoire, à défaut de moyens pour l'administration de s'assurer que l'obligation des receveurs a été remplie. Ainsi, tandis que, chaque année, les règlements exigent que chaque article du compte soit accompagné de pièces qui justifient toute recette ou toute dépense, même pour la somme la plus modique, aucune mesure n'a été prise pour faire connaître si le receveur n'a pas laissé périmer des titres de créances ou des inscriptions hypothécaires.

Pour combler cette lacune, et pour assurer, sous ce rapport, l'exécution de l'arrêté du 19 vendémiaire an XII, les receveurs des communes et des établissements de bienfaisance devront, désormais, joindre à leur compte, comme pièces justificatives, un état des propriétés foncières, des rentes et des créances mobilières qui composent l'actif de ces communes et de ces établissements. Cet état devra indiquer la nature des titres, leur date et celle des inscriptions hypothécaires prises pour leur conservation. S'il y a des procédures entamées, il faudra également qu'on fasse connaître sommairement la situation où elles se trouvent. Cet état, certifié conforme par le receveur, devra être visé par l'administration municipale ou par la commission administrative, qui y joindra ses observations, s'il y a lieu. Les certificats de quitus ne seront délivrés aux comptables, à l'effet de remboursement de cautionnements, qu'après qu'il aura été reconnu par l'autorité qui juge les comptes qu'ils ont satisfait aux obligations imposées par l'arrêté du 19 vendémiaire an XII, pour la conservation des biens et des créances appartenant aux communes et aux établissements de bienfaisance dont ils gèrent la recette.

2° On a demandé si les dispositions de la circulaire du 29 mars 1831, qui ont réglé quelles seraient, en cas de mutation de receveurs, les obligations du receveur entrant à l'égard des restes à recouvrer laissés par son prédécesseur, devaient s'appliquer aux receveurs des communes comme aux receveurs des hospices?

L'affirmative ne saurait être douteuse; le système de comptabilité étant le même pour les communes et pour les établissements de bienfaisance sans aucune réserve, il doit s'ensuivre que toutes les dispositions prescrites à l'égard de l'un de ces services s'appliquent naturellement à l'autre. La marche prescrite par la circulaire du 29 mars 1831, à l'égard des receveurs des hospices, en cas de mutation de receveurs, page 20 et suivantes, doit donc être suivie à l'égard des receveurs des communes.

3° Par une conséquence de ce principe, et par application de l'ordonnance du 22 janvier 1831, qui a appliqué aux hospices et établissements de bienfaisance les règles de la comptabilité communale, la faculté qui avait été donnée aux administrations charitables, par la décision royale du 4 novembre 1824, de couvrir les déficits qui se présenteraient sur les articles de dépenses d'un budget approuvé au moyen des excédants d'autres crédits du même budget, ne peut plus être maintenue. Cette faculté constitue une exception évidente au principe de la spécialité des crédits établis par les règlements constitutifs de la comptabilité communale, et par conséquent, il faut reconnaître qu'en appliquant aux établissements de bienfaisance les règles de cette comptabilité, l'ordonnance du 22 janvier 1831 a virtuellement abrogé la décision royale du 4 novembre 1824.

Ainsi, à l'avenir, les excédants restés libres sur les crédits ouverts par un budget ne pourront être employés à d'autres dépenses qu'en vertu de décisions de l'autorité compétente, comme lorsqu'il s'agit de crédits supplémentaires.

MM. les préfets devront tenir exactement la main à l'observation de cette règle, qui n'occasionnera, d'ailleurs, aucune gêne pour le service : les administrations charitables trouveront dans les facilités accordées par l'ordonnance du 1er mars une compensation plus que suffisante à la faculté qui leur était donnée par la décision royale du 4 novembre 1824.

---

16 mars 1836.

Monsieur le préfet, plusieurs maires ont signalé à mon attention une lacune dans les règlements de la comptabilité, en ce qui concerne l'ordonnancement des dépenses communales. Ces fonctionnaires ont remarqué qu'ils n'avaient à leur disposition aucun moyen de suivre les opérations du receveur municipal et de connaître avec exactitude le montant de l'encaisse disponible, de sorte qu'en arrêtant les mémoires des fournisseurs et en en ordonnançant le payement, ils n'avaient pas la certitude que les mandats qu'ils fournissaient sur la caisse communale, en exécution de crédits régulièrement autorisés, seraient immédiatement acquittés par le receveur.

Cet état de choses a, en effet, des inconvénients pour le crédit des communes, non moins que pour le bon ordre de leur comptabilité, et j'ai pensé qu'il convenait de faire droit aux justes réclamations élevées à cet égard.

Aujourd'hui, les maires ne pourraient se procurer les renseignements dont il s'agit qu'en les relevant eux-mêmes sur les écritures du receveur, ce qu'il serait difficile de faire au fur et à mesure des ordonnancements, et ce qui, surtout, serait impraticable pour les communes où le receveur municipal ne réside pas.

Pour remédier à cet inconvénient, j'ai arrêté, de concert avec mon collègue, M. le ministre des finances, les dispositions suivantes qui seront exécutoires à dater du 1er trimestre de la présente année.

Le receveur municipal sera tenu de remettre au maire, à l'expiration de chaque trimestre, un bordereau de situation de sa caisse, en ce qui concerne le service de la commune, conforme à celui qu'il adresse au receveur des finances, en exécution de l'article 998 de l'instruction générale du 15 décembre 1826.

Ce bordereau, qui est formé du relevé des livres de détail tenu par chaque commune, présente, avec distinction d'exercice, la somme des recouvrements et des payements effectués sur chaque article du budget, pendant le trimestre expiré, de manière à faire ressortir l'encaisse disponible. Les valeurs qui composent cet encaisse y sont détaillées, de telle sorte que le maire pourra distinguer la somme en numéraire immédiatement applicable au payement des ordonnances qu'il aurait à délivrer, et la somme placée en compte courant au trésor, et dont il devra, avant l'émission des mandats, autoriser ou faire autoriser, suivant les cas, le reversement dans la caisse municipale, conformément aux règles prescrites par l'instruction générale du ministère des finances du 15 décembre 1826 (art. 397 et suiv.).

Le receveur devra, en outre, adresser au maire, dans les dix jours qui suivent l'expiration de chaque mois, une simple récapitulation sommaire des recettes et des dépenses effectuées pendant ledit mois. Cette récapitulation, qui n'a d'autre objet que de faire connaître la somme disponible en caisse, ne contiendra pas le détail des recettes et des dépenses qui figurent au bordereau trimestriel; il présentera seulement le montant total des recouvrements et des payements faits pendant le mois, avec distinction d'exercice, et sera terminé par la désignation des valeurs qui composent l'excédant. Cette récapitulation mensuelle pourra être dressée conformément au libellé de récapitulation qui termine le bordereau trimestriel (*modèle* 121). Il est inutile de dire que les receveurs n'auront pas à fournir cette récapitulation sommaire les mois où ils produisent leur bordereau trimestriel.

Au moyen du bordereau et de la récapitulation mensuelle, il sera facile aux maires de régler sur l'état réel de la caisse l'ordonnancement des dépenses pour le mois; ils seront toujours certains que les mandats qu'ils délivreront ne seront pas refusés, faute de sommes suffisantes pour les acquitter, et ils n'exposeront pas les créanciers des communes à des démarches inutiles auprès du receveur municipal; ce dernier n'aura pas lui-même à débattre les questions de priorité qui s'élèvent parfois entre les divers porteurs de mandats, lorsque les fonds de la caisse ne sont pas suffisants pour les satisfaire tous ensemble.

Mais, indépendamment de ces avantages, les maires auront encore celui de pouvoir suivre, sur les bordereaux trimestriels, le mouvement de chaque article de recette et de dépense du budget. Ils auront ainsi sous les yeux la situation précise des crédits dont ils ont la disposition; dès lors ils ne courront pas le risque de les dépasser, et avertis à temps qu'ils sont près d'être épuisés, ils pourront demander et obtenir, avant leur épuisement complet, les autorisations supplémentaires qui leur paraîtront indispensables pour assurer les dépenses de l'année. Enfin, s'ils ont soin de tenir note eux-mêmes de leurs ordonnancements, ils seront en mesure de contrôler utilement les opérations du receveur de leur commune, et d'exercer ainsi la surveillance qui leur est attribuée par les lois.

Pour obtenir ce dernier résultat, les maires devront avoir le soin de conserver exactement et de classer dans les archives de la commune ces bordereaux, qui leur permettront de se remettre sous les yeux, toutes les fois qu'ils en éprouveront le besoin, la situation exacte des finances de la commune et de vérifier par un simple rapprochement si la somme des payements effectués par le comptable concorde avec celle des ordonnances qu'ils ont eux-mêmes délivrées.

Vous ferez remarquer, Monsieur le préfet, à MM. les maires que le bordereau qui leur sera adressé par les receveurs présente distinctement les recettes et dépenses des deux exercices qui suivent leur cours dans la même année. Cette disposition a surtout pour but de mettre ces administrateurs à même d'apprécier la situation particulière de chacun de ces exercices, et de faire en sorte de régler autant que possible les ordonnancements, de manière à ce que les dépenses propres à l'une et à l'autre année soient payées avec les fonds provenant de recettes de ces mêmes années.

Quant aux receveurs, ils sentiront la nécessité d'apporter la plus grande exactitude dans la formation de l'envoi des bordereaux; vous devrez leur rappeler qu'à cet égard tout retard, toute omission les exposerait à l'application des dispositions de la loi du 25 nivôse an V, qui prononce, pour ce cas, la privation des remises, sans préjudice de mesures plus sévères, s'il y a lieu. Cette obligation n'est pas d'ailleurs nouvelle. Elle existait même dans la législation antérieure à 1789. L'édit du mois d'août 1764 prescrivait aux receveurs des villes de remettre aux officiers municipaux, dans les premiers jours de chaque mois, un bref état de leurs recettes et dépenses.

Je vous prie, Monsieur le préfet, de m'accuser réception de la présente circulaire, et de me donner l'assurance que vous en avez notifié les dispositions aux administrateurs et aux comptables qu'elles concernent.

Circulaire sur l'allocation des crédits additionnels, 17 mars 1836.

Monsieur le préfet, pour l'ordre de la comptabilité et pour l'exercice de la surveillance attribuée au ministre des finances sur la gestion des receveurs municipaux, l'administration de l'intérieur a été jusqu'ici dans l'usage de communiquer à ce ministre les diverses décisions qui autorisaient, dans les budjets des villes de cent mille francs de revenus, des crédits supplémentaires.

De son côté, l'administration des finances notifiait ces décisions aux receveurs municipaux, chargés d'acquitter les dépenses en exécution des crédits alloués.

Le but de cette mesure a sans doute été mal compris par certains receveurs, qui, au lieu de voir dans l'intervention de l'administration des finances un simple acte de surveillance, ont pensé que cette administration prenait, dans la circonstance, une véritable décision considérée comme nécessaire pour rendre exécutoire celle du ministre de l'intérieur, qui avait autorisé le crédit. Ils se sont crus, en conséquence, fondés à refuser le payement des mandats délivrés sur ces crédits, tant qu'ils n'avaient pas reçu du ministre des finances l'autorisation d'en faire emploi.

Cette manière de voir les choses est évidemment erronée; les règlements chargent le ministre de l'intérieur d'autoriser les crédits additionnels dans les budgets arrêtés par le roi, et aucun acte ne subordonne l'exécution de ces décisions, en ce qui concerne le receveur, à l'autorisation particulière du ministre des finances. Le refus des comptables d'acquitter les mandats délivrés sur les crédits régulièrement autorisés par moi, compromettrait donc leur responsabilité, puisque l'ordonnance du 23 avril 1823 prévoit et limite les seuls cas où il est permis aux receveurs de retarder le payement des mandats, et il les exposerait à des dommages-intérêts envers les parties prenantes.

Cependant, comme l'usage suivi jusqu'à ce jour pouvait en quelque sorte justifier la conduite des comptables, j'ai cru devoir me concerter avec mon collègue, M. le ministre des finances, pour déterminer la marche à suivre à cet égard.

Mon collègue a reconnu que les notifications, faites par son département aux receveurs municipaux, des décisions par lesquelles j'autorisais des crédits dans les budgets des villes, étaient sans utilité réelle, et avaient en outre l'inconvénient d'occasionner parfois des retards dans le payement des dépenses municipales; qu'il suffisait, en effet, que ces autorisations fussent notifiées aux comptables, comme les budgets eux-mêmes, par l'intermédiaire de MM. les préfets.

Il a été, en conséquence, décidé que les receveurs municipaux ne recevraient plus, de la comptabilité générale des finances, avis des crédits supplémentaires, et qu'ils devraient exécuter les décisions rendues à cet égard sur la notification officielle qui leur en serait faite par la préfecture dans la forme ordinaire.

Exécution de l'ordonnance royale du 1er mars 1835, 15 juin 1836.

Monsieur le préfet, l'année qui s'est écoulée depuis la mise à exécution de l'ordonnance royale du 1er mars 1835, relative à la comptabilité des communes et des établissements de bienfaisance, a déjà constaté d'une manière suffisante les avantages du système introduit par cette ordonnance ; et la cour des comptes, dans son rapport annuel, les a elle-même signalés. Cependant j'ai été à même de remarquer que toutes les dispositions n'en avaient pas été également comprises dans les diverses localités. Plusieurs préfets ont demandé, pour certains cas, des explications que je leur ai données particulièrement, mais qu'il peut être utile de rendre générales, parce qu'elles complètent les dispositions de la circulaire du 10 avril 1835, et qu'elles auront pour résultat d'amener une plus grande uniformité dans l'exécution de l'ordonnance du 1er mars 1835.

CLÔTURE DE L'EXERCICE 1835.

Compte d'administration.

Depuis l'ordonnance du 23 avril 1823, les comptes d'administration rendus par les maires étaient arrêtés par les ordonnances royales portant règlement des budgets. Cette marche avait été adoptée à raison de ce que, chaque budget devant, dans le système de comptabilité de l'ordonnance précitée, recevoir l'excédant de l'exercice antépénultième, il était nécessaire d'arrêter le compte de cet exercice en même temps que le budget où ledit excédant devait être rattaché. Par suite du nouveau système, le compte de l'exercice clos se liant, non plus au budget de l'exercice à régler, mais au budget de l'exercice courant déjà réglé par ordonnance royale, il a paru convenable de ne pas recourir une seconde fois à cette formalité pour l'approbation du compte. Ce n'est d'ailleurs qu'un retour aux règles ; car l'ordonnance royale du 23 avril 1823, par une disposition de l'article 5, confère au ministre de l'intérieur cette attribution, dont aucune autre disposition ne l'a dépouillé.

Le compte d'administration devra offrir, à la suite des chapitres du budget primitif, tels qu'ils ont été réglés par l'ordonnance royale ou par l'autorité compétente, les chapitres additionnels comprenant tout ce qui complète les opérations relatives à l'exercice clos, afin de séparer d'une manière distincte ce qui n'est entré dans le budget que supplémentairement. Il résulte de cette disposition que la colonne qui, dans les anciens modèles de compte, était destinée à recevoir les autorisations supplémentaires, est sans utilité et doit être supprimée. C'est ce qui a été déjà prescrit par l'instruction du 10 avril 1835; mais on a élevé à cet égard une objection à laquelle il m'a paru utile de répondre. Dans le cas où les crédits additionnels sont destinés à payer le complément de dépenses déjà créditées au budget primitif pour une somme insuffisante, il faudra donc, dans le compte, scinder cette dépense en deux articles, dont l'un sera placé dans les chapitres du budget primitif, et l'autre dans les chapitres additionnels. Je ne me dissimule pas que cet inconvénient existe, et que, si on n'y portait remède, il s'aggraverait d'une autre difficulté qui serait celle de diviser de même, sur deux articles de dépenses, les pièces justificatives qui doivent être fournies à l'appui du compte du receveur municipal ; mais cet embarras n'est qu'apparent, et il est facile d'en sortir par une marche fort simple.

Les deux crédits se trouvant portés à deux chapitres différents du budget, il ne serait pas possible, sans troubler l'économie générale du système, de les confondre l'un avec l'autre; mais, en regard du crédit porté au budget primitif, on rappellera, par une note placée dans la colonne d'observations, qu'il y a, dans le chapitre III, article..., un complément de la même dépense, et que les pièces rapportées à l'appui du crédit primitif justifient la dépense totale.

Cette marche, qui n'offre aucune obscurité, concorde parfaitement avec ce qui aura dû être fait pour la délivrance du mandat. Il est évident, en effet, qu'il y aurait inconvénient, dans le cas dont il s'agit, à délivrer un mandat sur le crédit primitif et un mandat sur le crédit complémentaire. Les deux crédits se rapportant à une dépense unique, je pense qu'il peut suffire d'un seul mandat qui mentionnera à la fois les deux crédits, lesquels auront dû être reportés sur les *livres de détail* à un seul compte, conformément à la règle ordinaire. Au surplus, je ferai observer que ce cas ne doit pas être aussi fréquent qu'il paraîtrait d'abord, si l'on réfléchit qu'aux termes de la circulaire du 20 avril 1834, les légers excédants de dépenses qui peuvent se présenter sur les crédits du budget doivent être imputés sur le fonds des dépenses imprévues, afin d'éviter la multiplicité des demandes de crédits additionnels.

Le compte d'administration devra être transmis en double expédition, appuyé de l'état de situation présenté par le receveur et des délibérations du conseil municipal y relatives.

Chapitres additionnels.

Le même envoi devra comprendre le budget supplémentaire de l'exercice courant également en deux expéditions, appuyé de l'état des restes à payer de l'exercice clos, et des délibérations du conseil municipal, le tout accompagné de votre avis.

Restes à payer de l'exercice clos.

J'ai pu remarquer que l'état des restes à payer, dont le modèle a été donné par l'instruction du 10 avril, a été mal compris dans quelques départements. On s'est trompé sur la signification des têtes de colonnes *dépenses faites* au 31 décembre et *sommes payées* jusqu'au 31 mars ou 30 juin. La première de ces colonnes doit contenir le montant des *droits constatés* au 31 décembre, c'est-à-dire le chiffre des services faits ou des travaux matériellement exécutés à cette époque et pour lesquels il y a eu une situation reconnue et arrêtée. La deuxième colonne doit contenir le montant des *payements effectués* pour ces travaux ou services, pendant toute la durée de l'exercice (15 ou 18 mois); et la différence entre les chiffres de ces deux colonnes forme celui de la colonne des *restes à payer*. Il n'est pas inutile de rappeler que les restes à payer réunis aux sommes déjà payées ne doivent pas excéder le crédit alloué pour chaque article du budget. J'ai eu lieu de relever des irrégularités de ce genre dans les états que j'ai examinés, et je dois croire que vous en aurez aussi, Monsieur le préfet, rencontré de pareilles dans la comptabilité des communes dont le règlement vous est attribué. Il importe de bien rappeler aux maires que ces excédants ne peuvent être payés qu'au moyen de crédits additionnels, à moins de les imputer, ainsi que je l'ai dit, sur le fonds des dépenses imprévues, pourvu qu'ils ne soient pas trop considérables. La production de l'état des restes à payer est principalement exigée, pour avoir la preuve que la dépense qu'ils sont destinés à solder ne dépasse pas les crédits ouverts.

Crédits additionnels en dehors du budget supplémentaire.

On aura soin de porter au chapitre des dépenses supplémentaires, immédiatement après la section du report des restes à payer, *les crédits additionnels qui auront pu être ouverts par décisions spéciales, depuis le règlement du budget primitif.* Au surplus, je saisis cette occasion pour rappeler de nouveau que les demandes de crédits additionnels, avant ou après la formation du budget supplémentaire, doivent être restreintes aux seuls cas d'une urgence absolue et pour des dépenses qu'on ne pourrait ajourner sans compromettre le service.

Je dois aussi donner une explication que m'ont paru rendre nécessaire les observations qui me sont parvenues de quelques préfectures. On paraissait croire que, les budgets supplémentaires une fois réglés, tous les crédits additionnels qu'on serait obligé d'autoriser après la formation desdits budgets, ne pourraient plus être inscrits que par rappel au budget de l'exercice suivant; ce qui constituerait des dépenses par anticipation. En suivant cette marche, il serait impossible de faire concorder le compte du maire avec celui du receveur. Les chapitres additionnels ne sont autre chose que la réunion, à une époque déterminée de l'année, des crédits supplémentaires autorisés ou à autoriser pour l'année, et ils doivent nécessairement rester ouverts depuis le règlement du budget primitif jusqu'à la clôture de l'exercice. *Tous les crédits autorisés hors budget pour dépenses effectuées depuis le 1er janvier jusqu'au 31 décembre doivent donc y être rattachés.* Il suit de cette explication que rien n'est à modifier dans ce qui est établi; mais je dois vous prévenir que je refuserai d'autoriser l'ouverture de crédits en dehors du budget supplémentaire toutes les fois que la demande ne m'en paraîtra pas motivée par une urgence bien réelle. Je tiendrai ainsi rigoureusement la main aux dispositions de ma circulaire du 10 avril 1835.

Instructions supplémentaires relatives à l'exécution de l'ordonnance royale du 1er mars, 1er juillet 1837.

Monsieur le préfet, les diverses instructions sur la comptabilité communale qui vous ont été adressées par le ministère de l'intérieur, depuis l'ordonnance royale du 1er mars 1835, ont laissé peu de chose à prescrire pour l'entier développement du système introduit par cette ordonnance ; et je ne puis, sous ce rapport, que vous engager à vous reporter et à vous conformer exactement aux dispositions des circulaires des 10 avril, 2 août 1835, et 15 juin 1836. Cependant l'examen qui a été fait l'année dernière, dans mes bureaux, tant des comptes administratifs de l'exercice 1835, le premier auquel les nouvelles règles aient été appliquées, que des budgets supplémentaires de 1836 et primitifs de 1837, a donné lieu de faire quelques observations sur lesquelles j'ai cru utile d'appeler votre attention spéciale.

COMPTES D'ADMINISTRATION.

Les comptes administratifs doivent offrir des totaux par chapitre.

Quelques-uns de ces comptes ont été rédigés de manière à n'offrir qu'un seul total pour les recettes et un autre pour les dépenses. Il est vrai qu'en cela ils ne s'écartaient pas des modèles annexés à la circulaire du 10 avril 1835. Mais on n'a pas fait attention que, ces modèles ne se rapportant qu'à la comptabilité d'une petite commune, le nombre des articles de recettes ou de dépenses qui y figurent n'était pas assez considérable pour qu'il fût important de diviser les unes et les autres par chapitre. Il n'en est pas de même pour les comptes des grandes villes. La comparaison qui doit être faite du compte avec le budget sera rendue plus facile, si l'on a soin de faire, dans l'un comme dans l'autre, les totaux par chapitres, en distinguant les recettes ou les dépenses en recettes ou dépenses ordinaires, extraordinaires et supplémentaires.

Ils doivent rappeler tous les crédits alloués.

C'est aussi pour établir la concordance exacte entre le budget et le compte, qu'il est indispensable de rappeler dans ce dernier document tous les articles de recette ou de dépense, admis, soit dans les chapitres du budget primitif, soit dans les chapitres additionnels. Si quelques-uns des crédits alloués restaient sans emploi, ils n'en devraient pas moins être mentionnés dans le compte et figurer dans la colonne des dépenses autorisées, sauf à entrer ensuite dans celle des restes annulés.

Le boni de l'exercice clos forme une recette effective.

On doit porter aussi dans le compte *en recette effective* l'excédant de recette du compte précédent, formant le premier article des recettes supplémentaires (voir les modèles nos 10 et 12, annexés à l'instruction du 10 avril 1835). Plusieurs administrations locales se sont bornées à mentionner cet excédant pour mémoire, au rang qu'il doit occuper, et n'en ont rapporté le chiffre qu'après la balance générale du compte, ainsi que cela se voit dans l'état de situation du receveur municipal (modèle n° 9 de la même instruction); c'est-à-dire que le compte de l'administrateur s'est borné à reproduire littéralement les chiffres de celui du receveur. Vous voudrez bien veiller à ce que les maires rentrent à cet égard dans la règle.

Le déficit de l'exercice clos forme une dépense effective.

Il arrive parfois qu'au lieu d'un reste libre, le compte administratif de l'exercice clos présente un excédant de dépenses, résultant de ce que les recettes réalisées sont restées au-dessous des prévisions, tandis que les dépenses créditées ont été effectuées en totalité. Cet excédant doit être crédité, pour ordre, dans les chapitres additionnels, et former le premier article des dépenses supplémentaires. Il importe, en effet, de ne pas perdre de vue qu'une partie des ressources propres de l'exercice en cours d'exécution ayant été employée à couvrir l'insuffisance des ressources de l'exercice précédent, il y a nécessité de faire une économie équivalente sur les dépenses autorisées ou à autoriser. Tel est le but et l'effet du crédit d'ordre, qui, est en dépense la contre-partie de l'allocation en recette du boni qui figure dans le compte comme premier article des recettes. Lors de la formation du compte suivant, la somme ainsi créditée devra figurer également dans la colonne des dépenses effectives. En un mot, il est évident que l'exercice clos doit apporter à l'exercice qui le suit, soit une ressource, soit une charge, selon qu'il a été réglé avec un boni ou avec un déficit.

La même somme figurera dans le compte du receveur, mais seulement pour *mémoire*, à la fin de la première partie de son compte, de la même manière que cela a lieu pour le boni de l'exercice clos. Il est évident, en effet, que, comme les dépenses qui ont formé le déficit dont il s'agit ont figuré successivement dans les comptes précédents, il y aurait double emploi à les reproduire en dépense effective dans le compte d'exercice.

Il n'est pas nécessaire de fournir le compte de gestion du receveur à l'appui du compte administratif.

Quelques préfets ont envoyé, à l'appui des comptes d'administration de l'exercice 1835, le compte de gestion du receveur pendant l'année qui a donné son nom audit exercice. Cette dernière pièce était sans utilité, puisque, l'exercice n'ayant été clos que le 30 juin 1836, elle ne contenait qu'une partie des faits qu'il embrasse. L'instruction du 10 avril 1835 n'exige, à l'appui du compte administratif, que la production de l'état de situation de l'exercice clos à fournir par le receveur. Cet état offre seul, en effet, les moyens de contrôler complétement le travail du maire.

Aucune dépense ne doit être payée sans avoir été créditée.

Par une circulaire du 21 juillet 1828, un de mes prédécesseurs avait dispensé les administrations locales de recourir à des demandes de crédit près l'autorité supérieure, à l'occasion de certaines dépenses dont le payement semble devoir s'effectuer de droit, telles que le prélèvement du dixième de l'octroi au profit du trésor, l'emploi des secours accordés aux communes par le gouvernement pour l'instruction primaire, etc. Cette faculté s'est étendue successivement, par analogie à d'autres articles de dépenses, dont les crédits se sont ainsi trouvés quelquefois dépassés sans que l'autorité qui règle le budget en eût été informée. Je citerai, en ce genre, les frais de perception de l'octroi, dont le montant est fixé par M. le ministre des finances, les contributions des biens communaux qui sont exigibles sans retard, etc. Cette marche a occasionné souvent des demandes d'explication, lors de l'examen des comptes. Pour obvier à cet inconvénient, je crois utile de prescrire qu'aucune dépense ou qu'aucun excédant de dépense, de quelque nature qu'elle soit, ne devra être acquittée sans l'ouverture d'un crédit préalable, à moins toutefois d'une extrême urgence; mais, dans ce cas, vous auriez à me rendre immédiatement compte des autorisations provisoires que vous auriez données.

CHAPITRES ADDITIONNELS.

Les augmentations sur une recette prévue ne forment pas une recette supplémentaire.

Je passe aux observations qui se rapportent à la formation des *chapitres additionnels*.

Quelques-uns des budgets supplémentaires adressés l'année dernière à mon ministère offraient, parmi les recettes, des sommes représentant l'excédant probable des produits de l'octroi, ou de tout autre revenu public, sur les prévisions admises au budget. Ces sommes ont dû être écartées comme ne formant pas une recette nouvelle, mais se rattachant, au contraire, à un article déjà compris au budget primitif. Si on les eût maintenues dans les chapitres additionnels, la même recette aurait été scindée en deux articles dans le compte, puisque la forme du compte doit être calquée sur celle du budget, tant primitif que supplémentaire. Toutefois, malgré la non-admission de ces recettes, je n'ai pas cru qu'il y eût lieu de rejeter les crédits proposés pour des dépenses utiles ou urgentes, et je n'ai pas fait difficulté de régler le budget supplémentaire avec un excédant de dépenses qui n'était ainsi qu'apparent. J'ai eu soin, dans ce cas, d'énoncer, en terminant, que cet excédant de dépenses serait couvert, tant au moyen de l'excédant des recettes sur les dépenses du budget primitif (s'il y en a eu un), qu'au moyen des augmentations constatées sur le produit de divers articles de recette; quelquefois même, au moyen des économies à obtenir sur quelques crédits ou portions de crédits alloués au budget. Je n'ai pas besoin de vous faire observer que ce dernier moyen ne doit être employé qu'avec une extrême réserve, puisqu'en définitive il aboutit à un virement de crédits, qui aurait pour effet de modifier trop facilement, à l'égard des budgets des grandes villes, la décision royale.

On doit éviter autant que possible les restes à payer.

Quelques administrations municipales ont encore confondu les restes à payer avec les restes à dépenser annulés, ou bien même avec des dépenses faites en excédant des crédits. Je ne puis assez vous recommander, Monsieur le préfet, de vous reporter aux précédentes instructions, et notamment à celle du 15 juin 1836, afin que vous puissiez redresser ces irrégularités, si elles se reproduisaient. J'appelle en même temps votre attention et je vous prie d'appeler aussi celle des administrations locales, sur la nécessité d'éviter, autant que possible, les restes à recouvrer et les restes à payer après la clôture de l'exercice. Il est aisé de comprendre combien il importe, pour l'ordre et pour la clarté de la comptabilité, que toutes les opérations qui se rattachent à un exercice soient complétement terminées dans l'espace de temps dont l'exercice se compose. Les six mois accordés en sus de l'année pour achever, dans les villes dont les comptables sont soumis à la juridiction de la cour des comptes, la liquidation, le mandatement et le payement des dépenses constatées au 31 décembre, et dont la plus grande partie est acquittée avant cette époque, sont plus que suffisants.

Déjà l'année dernière on a pu remarquer à cet égard un progrès sensible dans les travaux de comptabilité des administrations locales, un grand nombre de budgets supplémentaires envoyés à mon ministère n'ayant été accompagnés que d'un état négatif des restes à payer.

Crédits réservés.

Il est souvent nécessaire, lors de la clôture de l'exercice, de conserver leur affectation à certaines ressources qui proviennent, soit d'emprunts, soit de secours accordés par le gouvernement et qui n'ont pu être employés en temps utile. Ces ressources se trouvent, par l'effet de l'arrêté réglementaire du compte, comprises sans distinction dans le boni de l'exercice clos. Pour éviter qu'elles soient détournées de leur destination, il sera bien de former dans le chapitre des dépenses supplémentaires, lorsque ce cas se présentera, une deuxième section intitulée : *Crédits ou portions de crédits non employés avant le 31 décembre dernier, et reportés à l'exercice courant pour recevoir leur affectation spéciale.* Viendrait ensuite la troisième section, relative aux nouvelles demandes de crédits, en tête de laquelle seraient rappelés, dans l'ordre de leurs dates, les crédits accordés par décisions particulières depuis le règlement du budget primitif jusqu'à la formation du budget supplémentaire.

Déficit du budget primitif à couvrir.

La circulaire du 15 juin 1836 permet de régler le budget primitif avec un déficit, lorsqu'il est démontré que ce déficit pourra être couvert au moyen des ressources que devra laisser l'exercice précédent et qui seront ultérieurement rattachés audit budget au moyen des chapitres additionnels. Il suit de là, qu'au moment de la formation des chapitres additionnels, il faut avoir soin de recourir au budget primitif, afin de reconnaître s'il présente un excédant de dépenses, et de régler, dans ce cas, lesdits chapitres, de manière à réserver un excédant de recettes suffisant pour combler ce déficit. Quelquefois ce déficit a été porté en dépense, pour ordre, dans le corps des chapitres additionnels. Cette marche est propre sans doute à empêcher qu'il ne soit fait un autre emploi des fonds destinés à rétablir l'équilibre entre les recettes et les dépenses de l'exercice, mais elle ne peut être admise, par la raison que, la forme du compte devant être, ainsi qu'il a été dit ci-dessus, la reproduction exacte de celle du budget, y compris les chapitres additionnels, l'article de dépense dont il s'agit ferait double emploi et vicierait les résultats. Il suffira, pour obvier à tout inconvénient, de terminer, dans l'hypothèse susdite, la récapitulation des chapitres additionnels par la formule qui suit :

D'où résulte un excédant de recette de.........., lequel est réservé pour couvrir l'excédant de dépenses du budget primitif, montant à ....

BUDGETS.

Rien n'est changé à la forme des budgets.

En ce qui concerne la formation du *budget* de l'exercice à venir, j'ai peu d'observations à vous faire.

Quoique le projet de loi sur les attributions des conseils municipaux ait divisé les dépenses en dépenses *obligatoires* et en dépenses *facultatives*, il ne m'a pas paru pour cela nécessaire, dans l'hypothèse de la promulgation prochaine de la loi, de m'occuper de rien changer à la forme des budgets établis jusqu'ici, et suivant laquelle les dépenses sont distribuées en dépenses *ordinaires* et en dépenses *extraordinaires*.

18 octobre 1838.

Monsieur le préfet, j'ai remarqué que les budgets communaux, fournis à l'appui des diverses demandes auxquelles ils doivent être annexés en vertu des instructions, sont souvent dressés d'une manière incomplète ou irrégulière. Les titres et chapitres n'y sont pas établis conformément aux modèles joints à la circulaire du 10 avril 1835. Quelques-uns présentent encore les recettes extraordinaires placées avant les recettes ordinaires, comme cela avait lieu dans les anciens modèles. Les dépenses n'y sont pas classées avec méthode. On voit figurer, dans quelques cadres imprimés, certains articles de dépense qui n'offrent pas suffisamment le caractère communal. Enfin, dans plusieurs préfectures, on a cru devoir suivre, pour le classement des dépenses, la distinction établie par la loi du 18 juillet 1837, et qui n'a eu d'autre objet que de déterminer celles qui sont obligatoires, sans entendre rien prescrire, d'ailleurs, pour les formes de la comptabilité. L'administration reste dans le droit d'adopter, à cet égard, la classification qui lui paraîtra la plus commode et la plus convenable. Or, la division ancienne des dépenses en ordinaires et extraordinaires a paru offrir le plus d'avantages, et doit être maintenue.

Pour ramener l'uniformité et la régularité dans les budgets communaux, pour rendre plus facile leur examen, et, par suite, le jugement des comptes, j'ai cru utile d'arrêter un modèle à l'usage des communes dont le revenu est peu considérable, de celles, par exemple, qui ne sont pas justiciables de la cour des comptes.

Le modèle ci-joint, conformément aux dispositions de la circulaire du 10 avril 1835, présente deux titres : *Recettes*, *Dépenses*. Chaque titre se divise en deux chapitres, le premier pour les *recettes* ou *dépenses ordinaires*, le deuxième pour les *recettes* ou *dépenses extraordinaires*. Les autorisations accordées après le règlement du budget, soit par des décisions spéciales en cas d'urgence, soit au moment de la clôture de l'exercice précédent, comme il est prescrit par les instructions, formeront, dans les comptes, le chapitre III de chaque titre, sous la dénomination de *Recettes* ou *Dépenses supplémentaires*.

Dans les budgets des grandes villes, le chapitre des dépenses ordinaires est subdivisé en sections ou paragraphes dans l'ordre suivant :

1. Frais d'administration.
2. Entretien des biens communaux, salubrité, sûreté, voirie.
3. Garde nationale.
4. Etablissements de charité, pensions.
5. Instruction publique, beaux-arts.
6. Culte.
7. Fêtes publiques, dépenses imprévues.

Le modèle ci-joint étant destiné aux communes d'une moindre importance a été simplifié autant que possible. Il n'offre donc pas de subdivisions de chapitres ; mais on a eu soin de classer les dépenses dans un ordre qui répond aux subdivisions admises dans les grands budgets.

Un espace est réservé, à la suite de chaque chapitre, pour y inscrire à la main les articles, soit de recettes, soit de dépenses, qui, n'étant pas de nature à se présenter dans toutes les communes, n'ont pas dû être admis dans la nomenclature, mais qui peuvent intéresser certaines localités. En un mot, comme la nomenclature du modèle ci-joint n'a pas été limitative dans ma pensée, il va sans dire que les administrations municipales la compléteront elles-mêmes de tous les articles que comportera leur service.

Seulement vous tiendrez exactement la main, Monsieur le préfet, à ce qu'à l'avenir aucun cadre *imprimé* de budget ne soit conçu dans une autre forme et ne contienne d'autres énonciations que celles qui résultent du présent modèle. Vous refuserez d'admettre les formules qui seraient contraires à cette prescription. Je vous prie, Monsieur le préfet, de vouloir bien m'accuser la réception de la présente circulaire, et d'en assurer l'exécution.

Ordonnance du Roi, 31 mai 1840.

Louis-Philippe, roi des Français,

Vu l'article 5 de l'ordonnance royale du 17 septembre 1837, rendue, pour l'exécution de la loi du 18 juillet de la même année, sur l'administration municipale;

Sur la proposition de notre ministre secrétaire d'Etat des finances,

Nous avons ordonné et ordonnons ce qui suit:

Art. 1er. L'article 5 de l'ordonnance royale du 17 septembre 1837 est modifié ainsi qu'il suit:

Les rôles d'impositions, taxes et cotisations locales, après qu'ils auront été rendus exécutoires, seront directement adressés, par le préfet, aux receveurs des finances, qui les transmettront aux receveurs chargés d'en effectuer le recouvrement.

La même marche sera suivie pour la transmission, aux receveurs des communes et établissements de bienfaisance, des budgets et autorisations de dépenses, des baux, actes et tous autres titres de recette.

Le préfet donnera avis aux maires des communes de l'envoi de ces documents.

2. Notre ministre secrétaire d'Etat des finances est chargé de l'exécution de la présente ordonnance, qui sera insérée au Bulletin des lois.

Fait au palais des Tuileries, le 31 mai 1840.

Instructions sur la constatation dans les comptes des forcements de recettes
12 novembre 1841.

Monsieur le préfet, aux termes des instructions sur la comptabilité des communes et des hospices, et notamment en exécution de l'article 1337 de l'Instruction générale du ministère des finances du 17 juin 1840, les forcements de recettes, ainsi que les rejets de dépenses prononcés par les arrêtés qui statuent sur les comptes des receveurs, donnent lieu, de la part de ces comptables, à des articles de recette accidentelle, par lesquels lesdits comptables font, de leurs deniers personnels, recette effective des sommes mises à leur charge. Ce système est parfaitement clair, et ne peut donner lieu à aucun embarras sérieux de comptabilité; cependant il a été fait, en ce qui concerne spécialement les forcements de recettes pour restes à recouvrer non justifiés et mis à la charge des receveurs, une observation qui doit être prise en considération.

Par suite du nouveau mode de comptabilité qui résulte de l'ordonnance du 1er mars 1835 et de l'instruction du 10 avril suivant, les receveurs ne font recette, dans leur compte de gestion, que de la somme réellement recouvrée sur chaque article de revenus, et ils portent les portions restant à recouvrer dans une colonne du compte spécialement réservée à cet effet : ces restes à recouvrer sont en même temps reportés à nouveau dans les chapitres additionnels du budget suivant pour être recouvrés, soit sur les fonds personnels du receveur, à titre de recette accidentelle, si le non-recouvrement n'est pas suffisamment justifié; soit sur le débiteur, d'après les règles ordinaires, si les causes du retard sont reconnues légitimes.

Ce dernier cas ne peut donner lieu à aucune question, puisque le recouvrement est rattaché purement et simplement à l'article du budget auquel il se rapporte; mais il en est autrement dans l'autre hypothèse. Lorsque le compte (de 1840, par exemple) où ont été rattachés, par l'effet de la formation des chapitres additionnels, les restes à recouvrer de l'exercice précédent (1839), est précédé par le receveur, si ce comptable, qui a été condamné, audit compte précédent (1839), à faire recette accidentelle du montant desdits restes à recouvrer mis à sa charge, a obéi (et il a dû le faire) à cette injonction, voici la situation dans laquelle les choses se trouvent : la somme restant à recouvrer (de 1839), d'après le chapitre additionnel (de 1840) figure naturellement à l'article du compte (1840) correspondant à celui du chapitre additionnel; mais le receveur n'a pas pu la porter dans la colonne des sommes recouvrées à cet article, puisqu'il en fait recette dans ce même compte, sous le titre spécial de recette accidentelle, d'après l'injonction qui lui en a été faite. S'il en faisait recette à l'article des restes à recouvrer, il y aurait évidemment double emploi. Cependant la somme ne peut continuer à demeurer comme n'étant pas recouvrée, puisqu'elle l'a été en réalité par la recette accidentelle mise à la charge personnelle du receveur.

J'ai reconnu qu'il est nécessaire de sortir de cette situation, qui peut amener de l'obscurité dans les comptes, et il m'a paru que, pour y parvenir, il fallait annuler le reste à recouvrer qui se trouvait balancé par la recette accidentelle. La colonne qui, dans le modèle du compte, est destinée à rectifier l'évaluation du budget et à indiquer la somme exacte à recouvrer, d'après les titres et actes justificatifs, en offre naturellement le moyen. Comme il est évident que le reste à recouvrer, prévu dans les chapitres additionnels, n'existe plus, du moment qu'il en a été fait recette matérielle à un autre titre, en vertu d'une injonction, il n'y a pas à la maintenir dans la colonne des *sommes à recouvrer d'après les titres justificatifs*, puisque, au contraire, le titre qui, dans la circonstance, est l'injonction de l'arrêté du compte précédent, indique que la somme portée dans le chapitre additionnel comme restant à recouvrer est rentrée sous un autre titre, c'est-à-dire à titre de recette accidentelle : ce n'est donc plus un reste à recouvrer. Par conséquent, ladite somme, présentée comme à *recouvrer d'après le budget et les articles supplémentaires*, sera déduite dans la colonne de *fixation définitive d'après les titres et actes justificatifs ;* et, dans la colonne d'observations, il sera indiqué que cette somme se trouve recouvrée à l'article..... du compte, sous le titre de *recette accidentelle.*

De cette manière, sans apporter aucune modification aux instructions actuellement en vigueur, et en en faisant, au contraire, une exacte et utile application, on écartera du compte la cause d'embarras que j'ai signalée.

Je vous prie, Monsieur le préfet, de m'accuser la réception de la présente circulaire et de faire les dispositions nécessaires pour son exécution.

Exécution de l'ordonnnance royale du 31 *mai* 1840.—*Difficultés qu'entraîne, dans certains cas, le mode de transmission des titres de recettes aux receveurs municipaux*, 28 décembre 1841.

Monsieur le préfet, plusieurs de vos collègues ont appelé mon attention sur une difficulté que présente l'exécution de l'ordonnance royale du 31 mai 1840, d'après laquelle les préfets sont tenus de transmettre aux receveurs municipaux et d'établissements de bienfaisance, par l'intermédiaire des receveurs des finances, tous les titres de recettes sans exception dont les premiers de ces comptables sont chargés d'effectuer le recouvrement.

Certains actes, tels que baux, procès-verbaux d'adjudication, etc., doivent être soumis par les maires à la formalité de l'enregistrement. Or, comment cette formalité pourrait-elle être remplie dans les délais prescrits, si ces titres, une fois revêtus de l'approbation préfectorale, étaient transmis aux receveurs municipaux, conformément au mode tracé par l'ordonnance du 31 mai; si les préfets remplaçaient la communication directe de ces titres à l'autorité municipale par un simple avis que l'envoi en est fait au receveur de la commune? Il faudrait alors que chaque receveur municipal s'empressât de remettre au maire les pièces dont il s'agit, pour qu'il les fît enregistrer. Mais il serait à craindre que cette communication ne se fît avec négligence, tardivement et la plupart du temps d'une manière incomplète; cet expédient ne saurait donc être adopté. J'ai pensé qu'il était nécessaire qu'une instruction, concertée entre les deux ministères des finances et de l'intérieur, fournît aux administrateurs qui relèvent de ces deux départements les éclaircissements que réclame l'exécution de l'ordonnance du 31 mai 1840. J'en ai, en conséquence, référé à mon collègue.

L'inconvénient que l'on signale est réel; M. le ministre des finances l'a reconnu avec moi; mais il est facile d'y remédier, en donnant à l'ordonnance du 31 mai 1840 une interprétation conforme, d'ailleurs, à l'esprit qui a présidé à sa rédaction, et sans qu'il soit besoin d'en demander la réformation. Cette ordonnance, vous le savez, a été rendue pour faire disparaître une lacune qui existait dans celle du 17 septembre 1837; on a voulu, par la disposition nouvelle, qu'aucun titre de recette ne pût être créé sans que le receveur particulier responsable n'en eût, à l'instant même, connaissance et ne fût mis à portée d'en surveiller le recouvrement. Sans doute, en prescrivant que tous les titres fussent transmis en originaux aux receveurs des communes par l'intermédiaire du receveur de l'arrondissement, ce but se trouvait complétement atteint; mais il le serait de même s'il était décidé que, pour les titres soumis à l'enregistrement, il ne serait délivré aux receveurs des finances que des copies certifiées de ces pièces. En résumé, pour lever toute difficulté, il suffirait que désormais les titres de recettes de l'espèce fussent établis et envoyés aux préfets par les administrations municipales, en minute et en copie, pour être, après avoir été revêtus de l'approbation de ces magistrats, retournés, savoir : la minute aux maires ou aux commissions administratives, suivant le cas, et la copie au receveur général du département. Les copies devront être faites sur papier libre, comme tout document administratif délivré à titre de simple renseignement.

Telle est, Monsieur le préfet, la solution qui a paru devoir être donnée aux questions qui m'ont été soumises.

Je vous prie de vouloir bien m'accuser réception de la présente circulaire et d'en assurer l'exécution.

Instruction relative à l'administration en non-valeurs des sommes reconnues irrecouvrables dans la comptabilité des communes et des établissements de bienfaisance, 31 août 1842.

Monsieur le préfet, les administrations municipales et hospitalières demandent quelquefois l'admission en non-valeurs de certaines parties de leurs revenus qui, par suite de l'insolvabilité des débiteurs et nonobstant les diligences du receveur, ne présentent plus aucun espoir de recouvrement. Cette mesure a un double but : en même temps qu'elle décharge le comptable de la responsabilité d'une perception qui ne peut plus être opérée, elle fait disparaître du budget un produit purement fictif, dont l'allocation en recette peut donner lieu à des erreurs dans le règlement des dépenses et occasionner des déficits.

J'ai eu occasion de remarquer que MM. les préfets ne procédaient pas d'une manière uniforme dans l'instruction des affaires de ce genre, et j'ai reconnu que la cause en devait être attribuée à l'insuffisance des instructions en ce point. Il m'a, dès lors, paru nécessaire de donner de nouvelles et de plus complètes explications : tel est l'objet de la présente circulaire.

Aux termes des anciens règlements relatifs à la comptabilité des communes et des établissements de bienfaisance, et par une application rigoureuse du principe qui considère le receveur comme débiteur de l'intégralité des produits qu'il a mission de percevoir, le comptable était tenu de se charger en recette, dans son compte, du montant total des sommes à recouvrer d'après les titres de perception, sauf à porter et à obtenir l'allocation en dépense de la partie de ces sommes qui, par des circonstances indépendantes de ses diligences, n'avaient pas pu être encaissées avant la clôture de l'exercice. Celles de ces sommes dont le recouvrement était encore possible étaient reproduites à nouveau dans la comptabilité du receveur, au fur et à mesure de leur rentrée : quant à celles qui, par suite de l'insolvabilité constatée des débiteurs, n'étaient plus susceptibles de recouvrements et devaient tomber en non-valeurs, l'allocation en dépense, qui en avait été faite dans le compte, les faisait disparaître de la comptabilité.

Cette marche a été modifiée par suite du système nouveau prescrit par la circulaire du 10 avril 1835, en exécution de l'ordonnance du 1er mars de la même année. Ce système, en effet, admettant des restes à recouvrer dans les comptes des receveurs, exclut naturellement, par là, la reprise, au moyen d'un article de dépenses, des parties non recouvrées dont le receveur se chargeait autrefois en recette. Il en résulte, dès lors, la nécessité d'adopter une marche nouvelle en ce qui concerne les non-valeurs.

En principe, les receveurs, étant comptables des produits qu'ils ont à recouvrer, doivent, à défaut de recouvrement dans le délai de l'exercice, justifier que le retard ne provient point de leur négligence : autrement l'autorité qui juge les comptes, les charge en recette du montant du reste à recouvrer, et, à l'égard de la commune ou de l'établissement, la somme se trouve ainsi matériellement encaissée.

Si, au contraire, le défaut de recouvrement ne peut pas être imputé au receveur, la cour des comptes ou le conseil de préfecture admet dans le compte le reste à recouvrer ; lequel étant constaté, ainsi qu'il est prescrit par la circulaire du 10 avril 1835, et reporté dans les chapitres additionnels, doit reparaître, l'année suivante, dans la comptabilité du receveur parmi les recettes, et être perçu à son nouveau compte.

Mais si le reste à recouvrer, admis par la cour des comptes ou le conseil de préfecture, résultait de l'insolvabilité du débiteur, dûment constatée dans les formes prescrites par les règlements, il est évident alors que la somme serait tout à fait irrecouvrable pour la commune ou pour l'établissement, puisque, d'un côté, il aurait été reconnu par l'autorité qui juge le compte, et qui est compétente à cet égard, que le receveur ne doit pas être forcé en recette, et que, de l'autre, il serait constaté que le débiteur est insolvable. Dans ce cas, la somme ne peut rester plus longtemps à l'état de reste à recouvrer, puisqu'il est constant qu'elle n'est pas recouvrable; et il convient, pour l'ordre de la comptabilité, de la faire disparaître de l'actif de la commune ou de l'établissement.

Or, cette mesure, qui est, au fond, la constatation de l'extinction d'un produit, m'a paru devoir être l'objet d'une décision de l'autorité qui règle le budget.

Pour me mettre à même de statuer à cet égard, en ce qui concerne les communes et les hospices dont les revenus s'élèvent à 100,000 fr., vous aurez donc, Monsieur le préfet, à me transmettre, avec la délibération du conseil municipal ou de la commission administrative qui demandera l'admission en non-valeurs d'un produit irrecouvrable : 1° un extrait de l'arrêt de la cour des comptes ou de l'arrêté du conseil de préfecture qui, prononçant sur le compte du receveur, a reconnu qu'il y avait lieu d'admettre et a admis le reste à recouvrer du produit dont il s'agit, présenté par le comptable; 2° toutes les pièces établissant l'insolvabilité du débiteur et l'impossibilité du recouvrement; 3° enfin votre avis particulier avec celui du sous-préfet.

Lorsque j'aurai reconnu et admis la non-valeur, ma décision servira de titre pour faire disparaître de la comptabilité de la commune ou de l'établissement le reste à recouvrer; et, à cet égard, il sera procédé d'après les règles suivantes : le reste à recouvrer ayant dû, conformément aux dispositions de la circulaire du 10 avril 1835, être reporté dans les chapitres additionnels de l'exercice suivant, figurera nécessairement aussi au compte dudit exercice. Il y sera porté dans la colonne des *sommes à recouvrer d'après le budget et les autorisations supplémentaires.* Mais on sait que le modèle de compte contient une colonne intitulée : *sommes à recouvrer d'après les titres et actes justificatifs*, et qui a pour objet, en rectifiant les évaluations présumées des budgets, de présenter la somme réellement à recouvrer, et dont le receveur doit compter. La décision qui aura admis le reste à recouvrer en non-valeur servira de titre justificatif, d'après lequel le comptable sera autorisé à déduire des sommes à recouvrer le montant de la non-valeur; et de cette manière cette non-valeur disparaîtra régulièrement des comptes, ainsi que des budgets ultérieurs.

Ces dispositions devront être exécutées à partir des comptes de l'année courante.

Quant aux communes et aux établissements dont les budgets sont réglés à la préfecture, vous statuerez, Monsieur le préfet, d'après le même principe, en vous éclairant, si vous le jugez nécessaire, de l'avis des comités consultatifs, dans les cas où l'insolvabilité des débiteurs semblerait présenter quelques doutes.

Dans tous les cas, vous me communiquerez des copies des arrêtés que vous aurez pris pour admettre des non-valeurs.

Veuillez bien, Monsieur le préfet, m'accuser réception de la présente circulaire et me donner l'assurance qu'elles ont été portées à la connaissance des fonctionnaires qu'elles concernent.

Impositions pour Dépenses annuelles facultatives, 13 décembre 1842.

Monsieur le préfet, quelques modifications ont été reconnues nécessaires dans la forme des budgets communaux.

La circulaire du 18 octobre 1838, qui a donné un modèle de budget pour les communes peu importantes, classait au chapitre des recettes extraordinaires le produit de toutes les impositions extraordinaires, quelle que fût leur destination. Cependant la situation financière du plus grand nombre des communes exige continuellement qu'elles aient recours aux centimes additionnels pour subvenir à leurs dépenses ordinaires, tant obligatoires que facultatives, et particulièrement en ce qui concerne le traitement des gardes champêtres, l'instruction primaire et les chemins vicinaux. Par là, ces ressources ont contracté véritablement un caractère annuel qui marque leur place dans la catégorie des recettes ordinaires. M. le ministre des finances demande que ce classement soit adopté, comme exprimant d'une manière plus exacte la nature même de ces impositions, qui s'appliquent à des dépenses ordinaires, et surtout comme devant avoir pour résultat une garantie plus efficace pour la fortune communale, par la fixation des cautionnements des receveurs municipaux, la base de ces cautionnements se trouvant, d'après les règlements sur la matière, dans le chiffre des recettes ordinaires des communes. L'effet de ce nouveau classement se fera sentir également, d'une manière avantageuse aux communes, dans l'application des articles 65 et 66 de la loi sur l'administration municipale. Il mettra fin aux difficultés qui se sont présentées plusieurs fois, tant sur le droit qu'ont les communes de demander des receveurs spéciaux, lorsque leurs revenus excèdent 30,000 fr., que sur l'attribution à la cour des comptes du jugement de leurs comptables, aussitôt qu'elles se trouvent dans cette catégorie. En effet, il y avait contradiction à cet égard entre l'article 727 de l'instruction générale du 17 juin 1840, qui met ces impositions au rang des recettes ordinaires, et le modèle de budget annexé à cette instruction, lequel n'est autre que celui de la circulaire du 18 octobre 1838. Il importait de faire disparaître cette contradiction. Ces motifs m'ont déterminé à me rendre au désir de mon collègue et à réformer, sous ce rapport, le modèle annexé à ladite circulaire.

Impositions à classer au chapitre 1er des recettes.

Ainsi, désormais, les cadres de budgets imprimés qu'il est d'usage de distribuer aux communes devront comprendre, dans le chapitre 1er des recettes, l'imposition pour salaire des gardes champêtres, les centimes spéciaux pour dépenses de l'instruction primaire et des chemins vicinaux (art. 13 de la loi du 28 juin 1833; art. 2 de la loi du 21 mai 1836.)

Il en sera de même de l'imposition dite pour insuffisance de revenus, c'est-à-dire ayant pour objet de mettre la commune en état de pourvoir à ses dépenses annuelles. Mais, à l'égard de cette sorte d'impositions, il faudra distinguer la portion qui se rapporte à des dépenses obligatoires, et qui peut être autorisée par les préfets, de celle qui doit être approuvée par ordonnance royale, comme afférente à des dépenses facultatives. Chacune de ces portions de l'imposition votée pour insuffisance de revenus formera un article à part dans le budget. J'expliquerai plus loin la nécessité de cette distinction, et je donnerai le moyen de déterminer le chiffre de la portion de l'imposition qui doit être soumise à la sanction royale.

Impositions à classer au chapitre 2 des recettes.

De cette manière les seules impositions qui figureront dans le chapitre 2 (recettes extraordinaires) seront les impositions temporaires destinées à des dépenses éventuelles, telles que constructions ou acquisitions de maisons d'école, de mairie, etc.

Pourquoi les impositions pour dépenses annuelles doivent être divisées en deux catégories.

Vous savez que les ordonnances portant autorisation d'impositions communales pour dépenses annuelles facultatives ne passent pas à l'examen préalable du comité de l'intérieur du conseil d'Etat, et que cet examen n'a lieu que pour les impositions destinées à des besoins extraordinaires. Vous n'ignorez pas non plus que les impositions pour dépenses facultatives doivent toujours être restreintes dans la limite de 20 centimes additionnels au principal des quatre contributions directes. *Suivant la jurisprudence du comité de l'intérieur, on devrait faire entrer dans le calcul de ces 20 centimes les impositions pour insuffisance de revenus.* Cependant, pour donner un peu plus de latitude aux votes des conseils municipaux, il a paru convenable de comprendre dans ce calcul seulement la portion desdites impositions, qui s'applique à des dépenses facultatives, et non celle qui concerne les dépenses obligatoires. Tels sont les motifs de la distinction établie ci-dessus, au sujet de l'inscription de cette nature de recettes dans les budgets communaux.

Comparaison des articles du budget nouveau avec ceux du dernier compte.

Une circulaire, en date du 25 septembre 1841, sur la forme des budgets des hospices, a prescrit que la colonne qui sert de point de comparaison pour justifier les allocations portées au projet de budget contînt à l'avenir, non plus les chiffres admis comme prévisions au dernier budget, mais les chiffres des recettes ou dépenses effectuées d'après le dernier compte. Cest une amélioration qu'il m'a paru désirable d'introduire dans les budgets communaux. On obtiendra par ce moyen des indications plus sûres, puisqu'elles résultent de faits constatés et non de suppositions qui peuvent ne pas se réaliser. Ainsi les colonnes intitulées : *Recettes* ou *dépenses admises au budget précédent* prendront le titre : *Recettes* ou *dépenses constatées au dernier compte.* Mais pour que les renseignements puisés dans le dernier compte aient toute l'utilité qu'on peut désirer, il sera bien important que les faits qui, d'après le budget, devaient être consommés dans le cours de l'exercice, soient en effet entièrement accomplis et que l'exercice clos ne laisse que le moins possible de restes à recouvrer ou de restes à payer. C'est un point sur lequel vous ne sauriez assez appeler l'attention des administrations municipales.

Colonne réservée aux propositions du maire.

Quelques administrations ont regretté que le dernier modèle de budget n'offrît pas une colonne spéciale, placée après la précédente, et qui contiendrait les propositions du maire. Quel que soit mon désir de compliquer le moins possible le cadre dont il s'agit, je reconnais que l'introduction de cette colonne ne peut avoir que des avantages. Elle constate un des faits qui se produisent successivement dans la préparation du budget. Elle s'intitulera *recettes* ou *dépenses proposées par le maire.* Déjà, dans quelques départements, on avait adopté ce mode qu'il me paraît utile de généraliser.

Principal des contributions directes.

Enfin les budgets communaux devant toujours être produits à l'appui des demandes d'impositions extraordinaires, il est utile qu'ils contiennent la mention du principal des quatre contributions directes de la commune, afin qu'on puisse s'assurer que l'imposition votée n'excède pas le maximum des centimes additionnels fixé par les instructions. J'ai trouvé ce renseignement en tête de quelques formules de budgets communaux, et j'ai cru devoir prescrire que le nouveau modèle offrît une semblable indication.

Population.

La mention du chiffre de la population est souvent aussi très-utile pour faire apprécier l'importance relative des communes. Il était essentiel de ne pas l'omettre.

Vous aurez soin, Monsieur le préfet, que les formules de budgets communaux qui seront adressées aux administrations municipales, dans les premiers mois de l'année prochaine, pour le vote des budgets de 1844, soient établies conformément au modèle ci-joint et aux observations contenues dans la présente instruction.

Il me reste à vous entretenir de la manière dont doivent être instruites les demandes d'impositions destinées à des dépenses annuelles facultatives. Comme je l'ai dit plus haut, ces sortes d'affaires ne sont pas soumises à l'examen du comité de l'intérieur du conseil d'Etat, et, attendu leur nombre extrêmement considérable, elles peuvent être réunies dans un envoi collectif et résumées en un état qu'il est d'usage de m'adresser en triple expédition. La forme de cet état, quoiqu'elle ait été autrefois prescrite par diverses instructions, notamment par une circulaire du 21 avril 1823, varie de département à département, et quelquefois il n'est pas facile à l'administration centrale de contrôler les propositions qui y sont contenues. D'ailleurs, depuis lors, est intervenue la loi du 18 juillet 1837, qui donne aux préfets le droit d'approuver les impositions pour dépenses obligatoires. Cette distinction, qui n'existait pas antérieurement, exige quelques modifications dans le travail dont il s'agit. Il était donc nécessaire, aussi bien pour ramener l'uniformité dans cette partie du service communal que pour satisfaire aux dispositions de la loi précitée, de fournir un nouveau modèle de l'état récapitulatif des votes d'impositions pour dépenses annuelles facultatives. Vous trouverez ci-joint ce modèle dont l'usage est suffisamment indiqué par les titres des colonnes qui le composent. Toutefois, je vais entrer dans quelques explications pour vous faire connaître plus sûrement dans quel but les détails en ont été arrêtés.

Il ne faut pas perdre de vue que son objet est de déterminer le chiffre de la portion qui doit être approuvée par le roi, comme afférente à des dépenses annuelles facultatives, dans le montant des impositions votées par les communes pour insuffisance de revenu. Cependant, tel qu'il est, cet état contient les résultats du budget tout entier, y compris les recettes et les dépenses extraordinaires (colonnes 4 et 8). Ce développement était indispensable pour qu'on pût saisir l'ensemble des ressources et des besoins de chaque commune, et s'assurer que la charge des diverses impositions dont elle est grevée ou dont elle demande à se grever n'excède pas une sage proportion. A cet effet, la colonne n° 4 comprend, indépendamment des autres ressources éventuelles, toutes les impositions pour dépenses extraordinaires qui doivent être mises en recouvrement dans l'année à laquelle se rapporte l'état, tant celles qui résulteraient d'autorisations antérieures que celles dont la demande serait en instance pour être perçues à partir de la même année.

La colonne n° 8 (dépenses extraordinaires) contient nécessairement des crédits correspondants pour l'emploi de ces mêmes impositions ; ce qui établit une compensation entre les recettes et les dépenses accidentelles portées au budget, et qui ne figurent ici qu'à titre de renseignement. On peut donc, nonobstant ce développement, saisir avec facilité le rapport qui existe entre les ressources ordinaires et les dépenses annuelles et constater l'insuffisance des premières pour payer les secondes. Il suffit, pour cela, de comparer la somme inscrite dans la colonne n° 5 (total des recettes) avec celle de la colonne n° 9 (total des dépenses) ; la différence entre ces deux sommes forme le déficit qu'il s'agit de combler au moyen de l'imposition.

La colonne n° 3 offre les recettes ordinaires, y compris le produit des impositions spéciales, c'est-à-dire de celles seulement qui sont destinées à payer le salaire des gardes champêtres, les dépenses de l'instruction primaire et des chemins vicinaux. L'imposition pour insuffisance de revenus, qui doit être égale à la différence entre les colonnes 5 et 9, figurera, soit intégralement dans la colonne n° 11, si elle s'applique uniquement à des dépenses facultatives, soit en deux portions dans les colonnes 10 et 11, si elle se rapporte à la fois aux deux natures de dépenses. La colonne n° 10 contiendra, s'il y a lieu, la portion de l'imposition que vous devez approuver. La colonne n° 11 indiquera les sommes qui devront être répétées, en vertu de la décision royale, dans la colonne n° 14, que vous aurez eu soin de laisser en blanc. Le chiffre placé dans la colonne n° 12 doit exprimer le nombre de centimes additionnels que représentent les impositions comprises dans la somme inscrite à la colonne n° 4; le chiffre de la colonne n° 13 montrera combien de ces centimes exigent les sommes portées dans la colonne n° 11. La réunion des nombres inscrits dans les colonnes 12 et 13 ne devra pas excéder 20, afin que le montant des impositions réunies pour dépenses facultatives ne dépasse pas le cinquième du principal porté dans la colonne n° 12.

Le conseil municipal aura voté sans doute, dans la forme prescrite par la circulaire du 27 mars 1837, une imposition égale au déficit que présentent les revenus comparés aux dépenses ordinaires. C'est à vous qu'il appartient de rechercher si cette imposition s'applique à des dépenses obligatoires ou à des dépenses facultatives, ou bien encore aux deux espèces de dépenses, et de déterminer la portion de l'imposition qui doit être soumise à la sanction royale. Pour cela, vous ferez le total des dépenses annuelles facultatives proposées au budget et qu'il vous aura paru utile d'y maintenir, telles que le supplément de traitement de l'instituteur et du desservant, le traitement de l'institutrice, le salaire du cantonnier, etc. Si ce total, qui figure dans la colonne n° 7, est inférieur au chiffre de l'imposition votée pour insuffisance de revenus, l'imposition se divise en deux parts. La première, égale au total obtenu, doit être soumise à la sanction royale; c'est la somme à inscrire dans la colonne n° 11. La seconde, formant la différence entre les deux sommes ainsi rapprochées, s'applique aux dépenses obligatoires; elle figure à la colonne n° 10, et c'est à vous de l'approuver.

Si, au contraire, l'imposition votée est moins élevée que le total des crédits pour dépenses facultatives, l'imposition tout entière est du domaine de l'ordonnance. Je n'ai pas besoin d'ajouter que, dans le cas où le budget ne comprendrait que des dépenses obligatoires qui ne pourraient être couvertes que par des centimes additionnels, ces sortes d'impositions pouvant être approuvées par vous, elles ne devraient pas être comprises dans l'état que vous avez à m'adresser, et qui devra être accompagné des délibérations municipales et des budgets communaux de l'année même à laquelle les impositions se rapportent.

Quant aux demandes d'impositions pour dépenses extraordinaires, elles continueront d'être envoyées isolément avec les pièces à l'appui et avec votre avis en forme d'arrêté pour chacune d'elles.

Je recommande à toute votre attention les dispositions de la présente circulaire, dont je vous prie de m'accuser réception.

Mode de transmission des comptes des receveurs à la cour des comptes, 7 février 1843.

Monsieur le préfet, vous trouverez ci-après copie d'une ordonnance du roi, en date du 24 janvier dernier, qui modifie l'ordonnance du 1er mars 1835, quant à la durée de l'exercice, et qui règle le mode de transmission des comptes des receveurs municipaux et hospitaliers à la cour des comptes. Cette dernière partie de l'ordonnance ne fait que confirmer, pour plus de régularité, les dispositions déjà prescrites par ma circulaire du 18 décembre 1841. Comme celle-ci, bien qu'elle eût pour objet de remettre en vigueur le mode fixé par la loi du 16 septembre 1807, se trouvait en contradiction avec l'article 480 de l'ordonnance du 31 mai 1838, on a pensé qu'une nouvelle décision royale était nécessaire pour abroger cet article. Quant aux motifs qui justifient l'adoption de la mesure en elle-même, je n'ai rien à ajouter aux explications contenues dans l'instruction du 18 décembre 1841.

La même circulaire vous a fait pressentir l'intention où était l'administration de ramener à quinze mois, pour les communes et établissements de bienfaisance dont les revenus dépassent 30,000 fr., la durée de l'exercice précédemment fixée à dix-huit mois. Les avis des préfets que j'avais consultés à cet égard ont été presque unanimes en faveur de la mesure alors projetée et qui vient d'être réalisée. Aussi je ne crois pas avoir besoin d'insister sur l'utilité de cette modification à l'ordonnance du 1er mars 1835. Je me borne à vous recommander d'appeler l'attention des administrations municipales sur la nécessité d'accomplir, dans les nouveaux délais assignés à l'exercice, les services prévus et réglés par les budgets, de manière à éviter, autant que possible, les reports de droit de l'exercice clos à l'exercice qui le suit. Rien ne constate mieux la vigilance des administrateurs qu'un compte dans lequel on voit, d'une part, toutes les ressources des établissements perçues dans leur intégrité, et, de l'autre, toutes les dépenses dont le vote a été approuvé, entièrement effectuées et soldées.

Les budgets communaux, je le sais, offrent en recette certains produits qui ne pourront être recouvrés avant l'expiration des trois mois complémentaires de l'exercice, et qui seraient toujours dans le cas d'être reportés, comme *restes à recouvrer*, au budget supplémentaire de l'exercice suivant, si l'on n'y portait remède. Tels sont les intérêts des fonds placés à la caisse de service, dont le décompte n'est guère connu avant les mois d'avril ou de mai; les indemnités d'engagements volontaires, dont la liquidation ne s'opère que vers la fin de mai; les indemnités accordées par la régie des contributions indirectes aux employés de l'octroi, qui ne sont également ordonnancées que dans le courant du même mois.

Pour éviter de laisser figurer, dans le budget d'un exercice, des ressources qui ne peuvent se réaliser dans la limite de cet exercice, ce qui mettrait parfois les communes hors d'état d'acquitter des dépenses créditées en vue de l'emploi de ces ressources, il y aura lieu, sans doute, de n'inscrire à chaque budget que les produits de cette espèce qui proviennent de l'exercice précédent, ainsi qu'il a été réglé, par la circulaire du 15 juin 1836, pour le produit des patentes et pour celui des amendes de police. J'aurai soin de me concerter avec M. le ministre des finances pour prendre un parti à cet égard; mais, afin de ne rien omettre, j'ai cru devoir attendre l'expérience qui va être faite par la clôture de l'exercice 1842 au 30 mars prochain.

Je vous recommande, Monsieur le

préfet, lorsque vous m'enverrez les budgets additionnels à l'exercice 1843, pour les villes qui ont plus de 100,000 f. de revenu, de me signaler, par une note en regard des restes à recouvrer, les services qui vous paraîtraient exiger, soit la modification que je viens d'indiquer, soit tout autre moyen de faire cesser la permanence des reports.

Veuillez donner connaissance aux administrations municipales et charitables de votre département des dispositions de la présente circulaire et de l'ordonnance ci-annexée.

Je ne doute pas que vous n'apportiez tous vos soins à faire produire, en ce qui dépend de vous, à la nouvelle fixation de la durée de l'exercice, tous les avantages que l'administration a eu en vue d'assurer aux communes et établissements de bienfaisance par une impulsion plus vive donnée aux travaux de leur comptabilité.

Ordonnance du roi.

Louis-Philippe, roi des Français,

Sur le rapport de notre ministre secrétaire d'Etat de l'intérieur;

Vu les règlements sur la comptabilité des communes et des établissements de bienfaisance, et notamment nos ordonnances des 1er mars 1835, 17 septembre 1837 et 31 mai 1838;

Vu l'article 12 de la loi du 16 septembre 1807;

Notre conseil d'Etat entendu,

Nous avons ordonné et ordonnons ce qui suit:

Art. 1er. A partir de l'exercice 1842, l'époque de la clôture des exercices, pour les communes et établissements de bienfaisance dont les receveurs sont justiciables de la cour des comptes est fixé au 31 mars de la seconde année de l'exercice.

Il sera statué ultérieurement en ce qui concerne la ville et les établissements de bienfaisance de Paris.

2. A l'avenir, les comptes de ces communes et établissements seront transmis directement par les receveurs à la cour des comptes, avec les pièces à l'appui. Les préfets, de leur côté, continueront d'y envoyer, comme éléments de contrôle et avec leurs observations, une copie des comptes d'administration, rendus par les maires, conformément à l'article 60 de la loi du 18 juillet 1837.

3. Sont et demeurent rapportées toutes dispositions contraires à la présente ordonnance.

4. Nos ministres de l'intérieur et des finances sont chargés, chacun en ce qui le concerne, de l'exécution de la présente ordonnance, qui sera insérée au *Bulletin des Lois.*

Monsieur le préfet, quelques modifications aux instructions concernant divers points de la comptabilité communale, et notamment la formation des comptes d'exercice rendus par les maires, m'ont paru nécessaires, et la présente circulaire a pour objet de vous les indiquer.

§ Ier.

Jusqu'ici le compte administratif reproduisait exactement la première partie du compte de gestion rendu par le receveur, celle qui embrasse la totalité des faits de l'exercice clos, en distinguant les recouvrements et les payements effectués dans l'année qui donne son nom à l'exercice, de ceux qui s'opèrent dans les trois mois complémentaires. Cette distinction, bonne pour le compte du receveur, parce qu'elle sert à faire reconnaître les sommes qui formaient la deuxième partie de son compte de gestion de l'année précédente, et qui ont été déjà soumises aux délibérations du conseil municipal et au jugement du tribunal compétent, est sans objet, dès qu'il s'agit du compte du maire, lequel, au lieu de présenter deux parties comme celui du comptable, n'offre que les opérations de l'exercice clos et les donne tout entières, sans qu'aucune partie en ait été mise encore sous les yeux du conseil municipal ou de l'autorité supérieure. Il a donc semblé convenable de simplifier en ce point la forme du compte à rendre par le maire, en supprimant la distinction d'année qui existe dans les anciens modèles, lesquels indiquent les recouvrements et les payements de l'exercice en trois colonnes, savoir : ceux des douze premiers mois dans une première colonne, ceux des trois mois suivants dans une seconde, puis le total des opérations dans une troisième. (*Voir* l'instruction du 10 avril 1835 et les modèles annexés). Cette suppression apportera dans le cadre une économie de deux colonnes, puisqu'il ne contiendra plus que celle du total.

Mais en même temps on devra introduire au titre des dépenses une colonne nouvelle dont l'absence se faisait sentir, qui sera placée après celle des *crédits ouverts par le budget ou les autorisations supplémentaires*, et qui s'intitulera *Droits constatés au* 31 *décembre* 18... La colonne suivante indiquera les payements effectués pour tout l'exercice jusqu'au 31 mars du trimestre complémentaire. De cette façon, il sera facile de distinguer les restes à payer des restes à annuler, qui devront être inscrits respectivement dans des colonnes spéciales, ainsi qu'il est expliqué pour le compte du receveur dans la circulaire du 2 novembre 1839, à laquelle il est nécessaire de se reporter.

Vous remarquerez, Monsieur le préfet, que ces têtes de colonnes sont, à peu de chose près, les mêmes que celles qui étaient déjà prescrites pour la formation de l'état des restes à payer. Je pense donc que MM. les maires n'auront aucune peine à en comprendre l'usage. L'introduction de la colonne des *droits constatés*, au titre des dépenses du compte administratif, complète la symétrie des parties de ce document et répond à la colonne du titre des recettes intitulé : *Fixation définitive des recettes d'après les titres justificatifs.* L'état des restes à payer ne sera que le relevé exact des articles du compte qui offriront une différence que présentent la colonne intitulée *Fixation définitive des recettes d'après les titres justificatifs* et celle des *recettes effectuées.*

Pour être à même de connaître les droits constatés, le maire devra récapituler, dans les premiers jours de janvier, les dépenses par lui ordonnées et qui ont été réellement faites jusqu'au 31 décembre précédent sur chacun des crédits ouverts au budget. Il exigera que les divers fournisseurs et entrepreneurs de travaux lui remettent leurs mémoires arrêtés au 31 décembre dans le moindre délai possible après cette époque, afin que l'examen de ces mémoires et la liquidation des dépenses puissent s'opérer avant la clôture de l'exercice. Le montant de ces mémoires, après révision et règlement, ou sauf règlement, s'il y a lieu, donnera le chiffre à inscrire dans la colonne des droits constatés.

§ 2.

La circulaire du 10 avril 1835, qui a donné les divers modèles de la comptabilité communale, n'a pas prescrit la formation de l'*état des restes à recouvrer*. Cependant quelques administrations municipales produisent habituellement cette pièce, qui n'est pas moins utile que l'*état des restes à payer*, puisqu'elle a pour effet d'appeler l'attention tant de l'administrateur et du conseil municipal que de l'autorité supérieure sur une partie importante du service du receveur. J'ai donc jugé convenable d'établir à ce sujet l'uniformité entre toutes les communes et d'enjoindre la formation de cet état, à l'époque de la clôture de l'exercice, de concert entre le maire et le receveur, de la même manière que se dresse l'état des restes à payer. Il est, je pense, inutile de donner un modèle de cet état, qui n'est, comme je l'ai dit plus haut, que le relevé exact des articles de recettes du compte qui offrent une différence entre la colonne intitulée *fixation définitive*, etc., et celle des *recettes effectuées*.

Je rappellerai que le devoir du comptable est d'être à jour au 31 mars, pour tous les recouvrements qu'il a dû faire, dans le cours de chaque exercice, au profit de la commune, et qu'aucun retard provenant de son fait ne saurait être toléré. C'est là sans doute un des motifs pour lesquels la circulaire du 10 avril 1835 n'avait pas admis de modèle pour l'état des restes à recouvrer. Toutefois, comme elle consacre dans les chapitres additionnels le principe des restes à recouvrer, il ne saurait y avoir aucun inconvénient à la production de l'état dont il s'agit.

§ 3.

Cet état fournira le moyen de statuer, dans un délai plus rapproché, sur la plupart des articles de non-valeurs qui, dans le système de la circulaire du 31 août 1842, devaient se reproduire dans les chapitres additionnels jusqu'après le jugement des comptes de gestion du receveur par le conseil de préfecture ou par la cour des comptes. J'ai pu remarquer que, par suite de ce système, des sommes dont le recouvrement était de toute évidence impossible, figuraient comme restes à recouvrer reportés d'un budget à l'autre pendant plusieurs exercices. Ces reports successifs paraissent une complication inutile, et j'ai reconnu qu'il y avait lieu le plus souvent d'admettre la non-valeur par la décision même qui règle les chapitres additionnels et de faire disparaître, dans le compte de l'exercice qui suit immédiatement l'exercice clos, les produits appartenant à ce dernier, dont la perception est démontrée impossible. Cette marche, plus claire et plus rapide, ne préjudiciera en rien aux droits des conseils de préfecture ou de la cour des comptes, chargés d'apurer définitivement les comptes des receveurs et qui resteront toujours en possession de forcer les comptables en recette, quand ceux-ci n'auront pas fait les justifications nécessaires à leur décharge. Ainsi, à l'avenir, la délibération municipale relative au vote des chapitres additionnels, en même temps qu'elle y comprendra comme restes à recouvrer de l'exercice clos toutes les sommes dont le receveur, obligé par les titres définitifs qui lui ont été remis, n'aura pu jusque-là effectuer le recouvrement, devra demander l'admission en non-valeurs de celles de ces sommes dont la rentrée ne peut plus être espérée. Les créances irrecouvrables disparaîtront des comptes, en vertu de décisions spéciales, de la manière indiquée par la circulaire du 31 août 1842, sauf qu'il ne sera plus nécessaire d'attendre l'apurement du compte de gestion du receveur à l'égard de celles qui ne peuvent être l'objet d'aucun doute.

Il demeure entendu que les dispositions qui précèdent s'appliquent également à la comptabilité des hospices et établissements de bienfaisance.

Je vous prie d'assurer l'exécution de la présente circulaire et de m'en accuser réception.

***Complément de l'instruction du 13 décembre 1842. Dispenses de transmettre les pièces à l'appui des états récapitulatifs des demandes d'impositions pour insuffisance de revenus*, 7 août 1846.**

Monsieur le préfet, la circulaire du 13 décembre 1842 a donné un nouveau modèle du budget communal, et prescrit la forme dans laquelle les demandes d'impositions pour dépenses annuelles facultatives doivent être présentées. Le double objet de cette circulaire a été généralement bien saisi par MM. les préfets, et cette partie importante du service communal offre aujourd'hui, dans la plupart des départements, l'uniformité et la régularité qu'elle laissait à désirer. Cependant, pour assurer mieux encore ce résultat, et pour faciliter partout le moyen de l'obtenir, j'ai jugé utile de vous adresser quelques observations supplémentaires qui résultent, soit de questions posées par plusieurs préfectures, soit de l'examen du travail qui me parvient chaque année pour cette nature d'impositions.

On a demandé si les prestations en nature pour les chemins vicinaux doivent figurer parmi les recettes ordinaires. Evidemment oui, lorsque la commune est obligée, comme c'est le cas le plus fréquent, de recourir habituellement à ce mode d'impôt pour l'établissement ou l'entretien de ses chemins.

Il en est de même de la subvention allouée à la commune sur les fonds de l'Etat ou du département, pour parfaire le minimum du traitement et l'indemnité de logement de l'instituteur.

En un mot, toutes les ressources qui, destinées à pourvoir à des dépenses annuelles, reparaissent tous les ans dans les budgets communaux, se classent naturellement dans le chapitre premier. Telle est l'intention de la circulaire du 13 décembre 1842.

Je placerai ici une remarque. Si une commune assez richement dotée ne faisait usage que temporairement et par exception à ses habitudes, de tout ou partie des centimes spéciaux et des prestations en nature pour l'établissement d'une ligne de communication nouvelle, cette ressource, ainsi que le crédit à ouvrir pour l'employer, se classeraient dans le chapitre II de chaque titre.

La circulaire déjà citée indique que l'imposition pour insuffisance de revenus doit être le plus souvent divisée en deux portions qui forment, dans le budget, deux articles de recettes, suivant qu'il appartient au roi ou au préfet d'approuver chacune d'elles. Dans un petit nombre de départements, les budgets fournis à l'appui des demandes d'impositions n'offrent pas cette distinction, qui est indispensable. La meilleure formule à employer à ce sujet consiste à inscrire en une seule ligne, dans la colonne destinée à indiquer la nature des recettes, ces mots : *Imposition pour insuffisance de revenus*, et à n'établir, au moyen d'une accolade, la distinction dont il s'agit que dans la colonne consacrée au règlement du budget. On met ensuite en observation :

1° Portion à autoriser par le préfet (dépenses obligatoires);

2° Portion à autoriser par ordonnance royale (dépenses facultatives).

Cette formule correspond exactement à la marche des faits. En effet, le conseil municipal vote en bloc l'imposition nécessaire; c'est à vous, en réglant le budget, à la diviser en deux parts, s'il y a lieu. Les chiffres à inscrire en dedans de l'accolade et dans la colonne du budget qui vous est réservée, sont précisément ceux qui figurent, colonnes 10 et 11, dans l'état dont le modèle est annexé à la circulaire du 13 décembre 1842, et que vous avez à m'adresser chaque année. Il suit de là nécessairement 1° que les budgets communaux doivent être réglés par vous avant la confection de cet état; 2° que vous ne devez allouer que conditionnellement les crédits votés pour dépenses annuelles facultatives, lorsqu'elles ne peuvent être acquittées qu'au moyen de l'imposition. Il y aurait lieu, dans ce cas, d'indiquer par une note mise dans la colonne d'observations que ces crédits ne sont accordés que sauf l'obtention de l'ordonnance royale autorisant l'imposition. Toutefois, cette réserve est de droit; elle existe sans qu'il soit nécessaire de l'exprimer.

Enfin, une autre conséquence de la façon d'opérer qui vient d'être rappelée, c'est qu'en général la délibération municipale relative au vote de l'imposition pour insuffisance de revenus ne doit pas énoncer que ladite imposition s'applique à telle ou telle dépense en particulier; elle doit se borner au vote d'une imposition égale au chiffre du déficit résultant de la comparaison des ressources et des besoins. Cependant, j'ai rencontré quelques formules de délibérations conçues de manière à faire ressortir les dépenses auxquelles s'applique la portion de l'imposition à autoriser par le roi. Je crois cette complication inutile. Le soin de discerner la nature des dépenses appartient au préfet. L'inspection du budget fait bien vite reconnaître, lorsqu'on procède comme le prescrit la circulaire du 13 décembre 1842, page 7, si l'imposition votée exige l'intervention du pouvoir royal, et quel est le chiffre à soumettre à la sanction de Sa Majesté. J'ai vu encore des délibérations qui, au lieu d'énumérer, comme les précédentes, la catégorie complète des dépenses facultatives susceptibles d'être créditées au budget, ne se rapportent qu'à une dépense unique, telle que le supplément de traitement de l'instituteur, ou toute autre dépense du même genre; ce qui fait presque autant de formules qu'il y a de sortes de dépenses. S'il n'existe aucun motif légal pour rejeter ces formules, il est clair cependant qu'elles ne se prêtent pas aussi heureusement à la confection de l'état collectif qui nous occupe que celle qui contient simplement le vote d'une imposition égale au déficit du budget. Elles ne devraient être employées tout au plus que pour une dépense annuelle qui aurait été omise au moment où le budget a été voté. D'ailleurs, cette multitude d'imprimés augmente outre mesure les charges des caisses municipales.

On voit par ce qui précède que rigoureusement il n'y a que deux espèces de délibérations nécessaires pour le vote des impositions communales : l'une est relative à l'imposition pour suppléer à l'insuffisance de revenus, en ce qui concerne les dépenses annuelles; c'est celle dont le modèle est donné par la circulaire du 27 mars 1827; l'autre se rapporte aux impositions extraordinaires pour dépenses éventuelles. Celle-ci n'a pas de modèle et n'en peut avoir, puisqu'elle s'applique aux objets les plus variés, et qu'elle doit exprimer, suivant les circonstances qui ne peuvent être prévues, les motifs détaillés du vote.

Je sais qu'il existe encore des imprimés relatifs aux centimes spéciaux pour l'instruction primaire et pour les chemins vicinaux; ils paraissent peu utiles, puisque, ces centimes pouvant être votés sans le concours des plus imposés, il suffit que la délibération municipale prise sur le budget y admette en recette le produit dont il s'agit.

Je dirai encore un mot sur le modèle de budget. Les dépenses municicipales sont, ainsi que l'explique la circulaire du 10 octobre 1838, distribuées, suivant leur nature ordinaire ou extraordinaire, en deux chapitres, lesquels se subdivisent en groupes, d'après l'analogie des dépenses entre elles, sans avoir égard à leur caractère obligatoire ou facultatif. Cependant, il peut être utile de marquer d'un signe particulier chaque article de dépense, afin qu'on distingue tout de suite les dépenses obligatoires de celles qui sont facultatives. On atteindrait ce but, si le libellé des premières était suivi d'un O, celui des autres d'un F. Cette précaution faciliterait le travail qui se fait dans vos bureaux pour dresser l'état récapitulatif des demandes d'impositions, en même temps qu'elle aiderait les conseils municipaux à apprécier exactement le caractère des dépenses dont le vote leur est proposé.

Les dépenses annuelles facultatives ne laissent pas d'être nombreuses, et comme elles varient de commune à commune, on ne saurait en donner une nomenclature complète. Les plus usitées sont les suivantes :

Entretien du pavé,
Entretien des promenades publiques,
Entretien des pompes à incendie,
Dépenses de l'éclairage,
Salaire du cantonnier,
Fonds accordés aux hospices,
bureau de charité,
Indemnité à la sage-femme,
Traitement et indemnité de logement de l'institutrice,
Supplément de traitement de l'instituteur,
Supplément de traitement du desservant,
Fêtes publiques,
Dépenses imprévues.

MM. les préfets doivent éviter, autant que possible, l'envoi de demandes isolées pour impositions applicables aux dépenses annuelles, et faire en sorte que les votes de ce genre qui ont lieu ordinairement dans la session de mai, à la suite de la discussion du budget communal, soient tous réunis et compris dans l'état collectif qu'ils m'adressent en triple expédition, pour être approuvé par sa majesté.

Il importe que cet état ne contienne aucune demande d'imposition pour dépenses éventuelles, et à cet effet, vous devrez prescrire, Monsieur le préfet, que les conseils municipaux, assistés des plus imposés, prennent, lorsqu'il y a lieu de voter des impositions de cette nature, des délibérations en dehors de celle qui se rapporte au déficit du budget.

Enfin, je rappelle que les chiffres portés dans les colonnes 12 (centimes applicables aux dépenses extraordinaires) et 13 (centimes applicables aux dépenses annuelles) ne doivent pas, si on les réunit, excéder, à moins de circonstances impérieuses, le nombre total de 20.

L'examen des états qui me sont parvenus tant cette année que les années précédentes, m'ayant démontré que le travail dont il s'agit est établi dans les préfectures, sauf de rares exceptions, avec un grand soin, je crois pouvoir, Monsieur le préfet, vous dispenser de joindre désormais à l'appui de ces états les budgets communaux, les délibérations municipales et les pièces justificatives qui les accompagnent ordinairement. Ces divers documents forment des masses si considérables, qu'outre les difficultés du transport, le temps manque pour les examiner en détail, au moment où ils arrivent de tous les points à la fois, et qu'on est forcé de n'en contrôler que quelques-uns pris au hasard. Dans le but de diminuer les frais qui résultent de ces envois, il suffirait que vous me fissiez parvenir seulement les dossiers relatifs aux impositions qui excéderaient d'une manière sensible la limite de 20 centimes, rappelée ci-dessus. Il est donc entendu que la circulaire du 13 décembre 1842 se trouve modifiée à cet égard.

Je compte, Monsieur le préfet, que vous apporterez à la confection des états de proposition que vous m'adresserez à l'avenir un soin d'autant plus grand que je n'aurai plus les moyens de vérifier votre travail sur pièces, et de m'assurer qu'il est régulier. Veillez aussi à ce que les délibérations portant vote d'impôts soient toujours légalement prises, et qu'elles ne puissent donner lieu à des réclamations après qu'elles auraient reçu la sanction royale ; ce qui entraînerait les plus graves inconvénients. C'est un point que je recommande à votre vigilance.

En appelant, Monsieur le préfet, toute votre attention sur les observations qui précèdent, je vous prie de donner connaissance aux administrations municipales de celles des dispositions de cette circulaire qui peuvent les concerner.

6 Novembre 1844.

Aux termes d'une circulaire ministérielle du 17 mars 1837, les réclamations concernant les prestations en nature pour l'entretien des chemins vicinaux doivent, comme celles relatives aux contributions directes, être communiquées aux maires et répartiteurs, vérifiées par les contrôleurs, et jugées, sur le rapport du directeur, par le conseil de préfecture, dans le cas de décharge ou réduction, et par le préfet, dans le cas de remise ou modération; enfin des ordonnances de dégrèvement doivent, dans tous les cas, être expédiées par le directeur.

Les prestations en nature constituant un revenu purement communal dont les receveurs ont à rendre compte, comme de toute autre recette municipale, il a été décidé que les règles ci-dessus n'étaient pas applicables aux états de cotes irrecouvrables relatifs à ces prestations. Si, à l'époque de la clôture de l'exercice, il existe des taxes dont le recouvrement ne puisse être effectué, les receveurs doivent se pourvoir auprès des conseils municipaux, sur l'avis desquels le conseil de préfecture statue selon les règles prescrites pour le jugement des comptes des communes.

En conséquence, les percepteurs ne seront plus astreints à former leurs états de cotes irrecouvrables en matière de prestations dans les délais fixés pour les contributions directes, et les agents des contributions n'auront plus à intervenir dans l'instruction de ces états. Enfin, il n'y aura plus lieu de rédiger, pour cet objet, des ordonnances de dégrèvement, attendu que les percepteurs se trouveront déchargés, par la décision même des conseils de préfecture, des taxes dont les conseils municipaux auront reconnu l'irrecouvrabilité.

Il n'est, du reste, dérogé en rien aux dispositions de la circulaire précitée, en ce qui concerne les réclamations individuelles et les états de cotes indûment imposées concernant les prestations en nature. Ces demandes continueront d'être présentées, instruites et jugées comme celles relatives aux contributions directes.

PIÈCES DE RECETTES ET DE DÉPENSES

SOUMISES AU TIMBRE POUR ÊTRE JOINTES A L'APPUI DES MANDATS DE PAYEMENT.

Les receveurs municipaux sont passibles des droits et amendes de timbre dus à raison des pièces jointes aux comptes des communes. (*Décision ministérielle du 24 mars* 1819.)

Ils doivent s'abstenir de faire aucun payement si les pièces qui leur sont présentées n'ont pas été soumises au timbre ainsi que le veut la loi (1).

Pour les Recettes.

L'instruction générale du 17 juin 1840 indique, comme devant être timbrées, les pièces suivantes.

ARTICLES DU COMPTE.	
Propriétés communales : Maisons, terrains, usines et autres biens ruraux, droits de location.	Les expéditions des baux, pour le prix de ferme ou de location dont il est compté pour la première fois, et les expéditions des baux renouvelés pendant l'année.
Droits d'octroi. — Produit brut. Si l'octroi est en régie intéressée, c'est-à-dire, si on a traité avec un régisseur, à la condition d'un prix fixe et d'une portion déterminée dans les produits excédant le prix principal et la somme abonnée pour les frais.	Le bail ou le traité consenti.
— Si l'octroi est en ferme moyennant un prix convenu sans partage de bénéfices et sans allocation de frais.	L'expédition du bail.

(1) Voir les articles 866 et suivants de l'instruction générale du 17 juin 1840.

Droits de pesage, mesurage et jaugeage.	
Droits de location des places dans les halles, foires, marchés et abattoirs.	
Si ces droits sont perçus en vertu d'un bail à ferme.	L'expédition du bail.
S'ils sont en régie intéressée.	Le bail ou le traité.
Coupes ordinaires de bois.	Le procès-verbal d'adjudication.
Coupes extraordinaires de bois.	Copie ou date des autorisations des ventes; procès-verbaux d'adjudication.
Coupes de bois d'affouage.	Le rôle arrêté par le préfet.
Cotisations particulières pour le pavage, le pâturage etc.	Le rôle arrêté par le préfet.
Taxes pour travaux d'art, de salubrité, etc.	L'acte qui en a été dressé, qui peut servir de pièce de procédure en cas de contestation.
Aliénation de meubles et immeubles. — Produit des ventes.	Copie des procès-verbaux d'adjudication ou des autres actes qui ont déterminé le prix et les conditions des ventes.
Rentes sur particuliers. — Produit de l'amortissement.	Décompte dûment arrêté, indiquant la rente annuelle, le taux, le capital et la date de l'amortissement.
Legs et donations.	Extrait certifié des inventaires, partages ou actes de vente établissant les droits de la commune, quand ce n'est pas une somme fixe qui a été léguée.
Bals et spectacles. — Produit des droits.	Les actes d'abonnement ou de mise en ferme.
Capitaux. — Remboursement.	Ampliation des actes constitutifs des créances de l'établissement.

Pour les Dépenses.

L'instruction générale prescrit de produire sur timbre les pièces suivantes.

Receveur municipal. — Remises.	La quittance du receveur municipal, si le traitement annuel excède 300 fr.

Instituteurs primaires. — Traitements.	Quittances des instituteurs, si le traitement annuel excède 300 francs.
Agents et préposés de l'administration municipale. — Appointements, gages et salaires.	Les quittances pour traitements des employés ou agents attachés au service de la commune avec un traitement annuel, doivent être timbrées, si ce traitement excède 300 francs. Toutes autres quittances pour salaires doivent être timbrées s'il s'agit de sommes excédant 10 francs. Les états d'émargements doivent être timbrés.
Matériel. — Achat de mobilier, denrées, matières et marchandises.	Les factures ou mémoires réglés des fournitures, les copies dûment certifiées des procès-verbaux d'adjudication, de soumissions, de conventions et marchés, dans tous les cas où ces voies ont dû être employées conformément à l'ordonnance du 14 novembre 1837. Les certificats de réception, les décomptes de livraison, enfin les quittances s'élevant à plus de 10 francs.
Immeubles. — Acquisitions et échanges de propriétés immobilières, par voie d'amiable composition et de consentement volontaire, d'après les règles du droit commun.	Les copies certifiées des contrats ; les quittances et les copies des certificats de transcriptions ou d'hypothèques.
Constructions, reconstructions et réparations d'édifices communaux.	Le procès-verbal d'adjudication et le cahier de charges ou copies certifiées de ces actes. Les états d'avancement des travaux et de propositions de payement. Les procès-verbaux de réception des travaux.
Réparations de simple entretien n'excédant pas mille francs.	Les devis estimatifs et les mémoires réglés des travaux exécutés par économie.
Octrois. — Dépenses de perception.	Les mémoires et factures de dépenses du matériel. Les marchés, conventions et autre actes semblables, s'il en a été fait. Les états émargés de distribution de la

	partie des amendes revenant aux employés, si le montant de cet état s'élève à plus de 10 francs. Les quittances du receveur des contributions indirectes, et toutes celles délivrées en général à toute partie prenante, lorsque les sommes excèdent 10 francs.
Chemins vicinaux.—Dépenses d'entretien et de réparation. **Prestations.** — Emploi du rachat en argent.	Les mêmes pièces que pour les travaux de construction, réparation et entretien.
Ateliers de charité. — Travaux exécutés par les indigents.	Les états d'émargement lorsque la somme excède 10 francs. Comme il est équitable de ne pas faire supporter cette dépense aux indigents employés à ces travaux, les frais de timbre seront supportés par les établissements charitables.

En ce qui concerne toutes les recettes et dépenses qui ne sont pas comprises dans la nomenclature précitée, on doit procéder d'après ce principe, que toute pièce pouvant faire un titre particulier et susceptible d'être produite, comme pièce de procédure, doit être *timbrée.*

TABLE DES MATIÈRES.

PREMIÈRE PARTIE.

DEUXIÈME PARTIE.

DES OPÉRATIONS RELATIVES A LA CLÔTURE DE L'EXERCICE.

CHAPITRE V.

CHAPITRE VI.

CHAPITRE VII.

CHAPITRE VIII.

CHAPITRE IX.

TABLE ALPHABÉTIQUE.

A

B

D

E

F

J

L

M

N

O

P

R

S

T

V

FIN DE LA TABLE ALPHABÉTIQUE.

Paris, Paul DUPONT, rue de Grenelle-Saint-Honoré, 45.

www.ingramcontent.com/pod-product-compliance
Ingram Content Group UK Ltd.
Pitfield, Milton Keynes, MK11 3LW, UK
UKHW022021170726
13837UKWH00001B/318